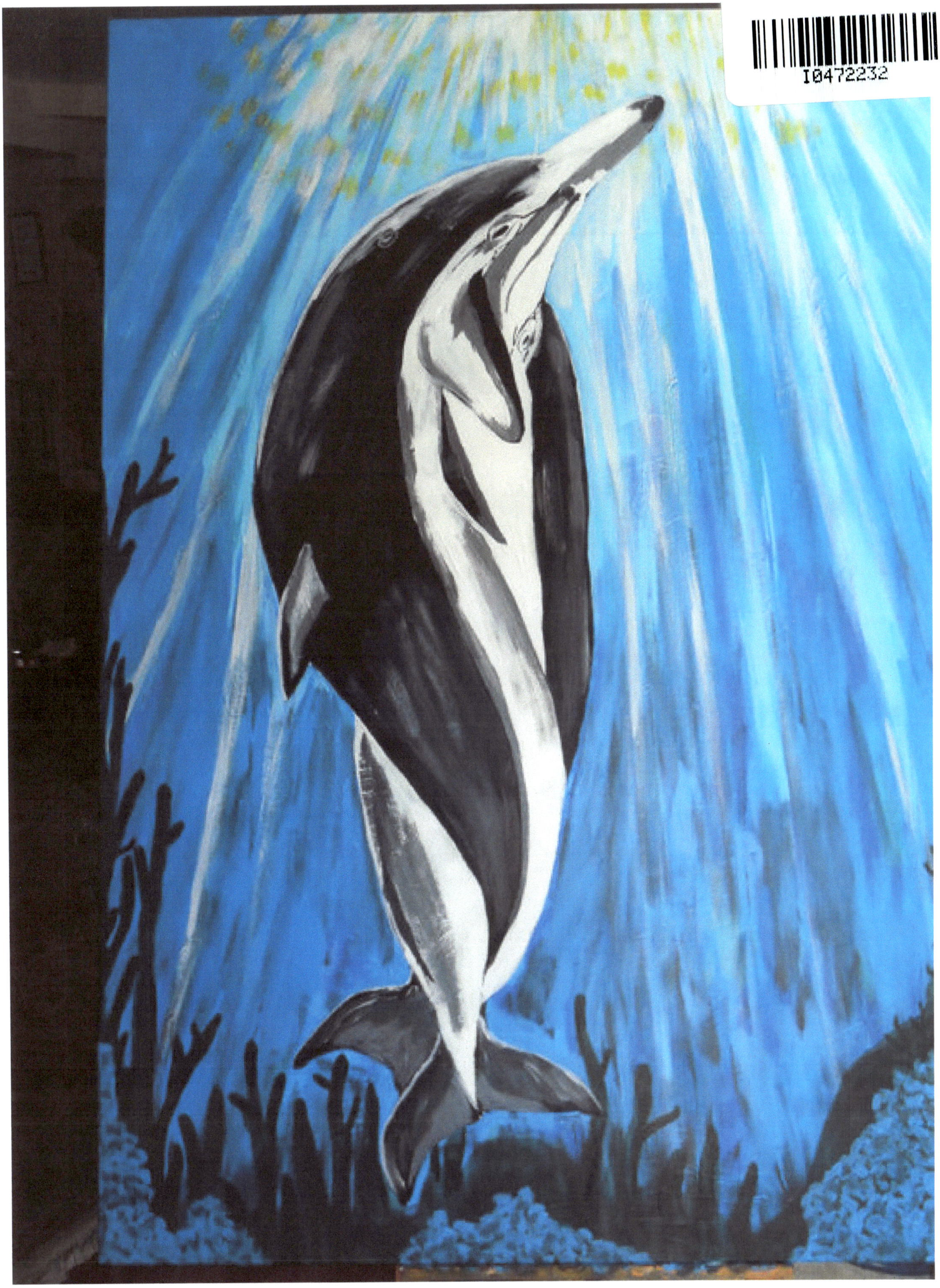

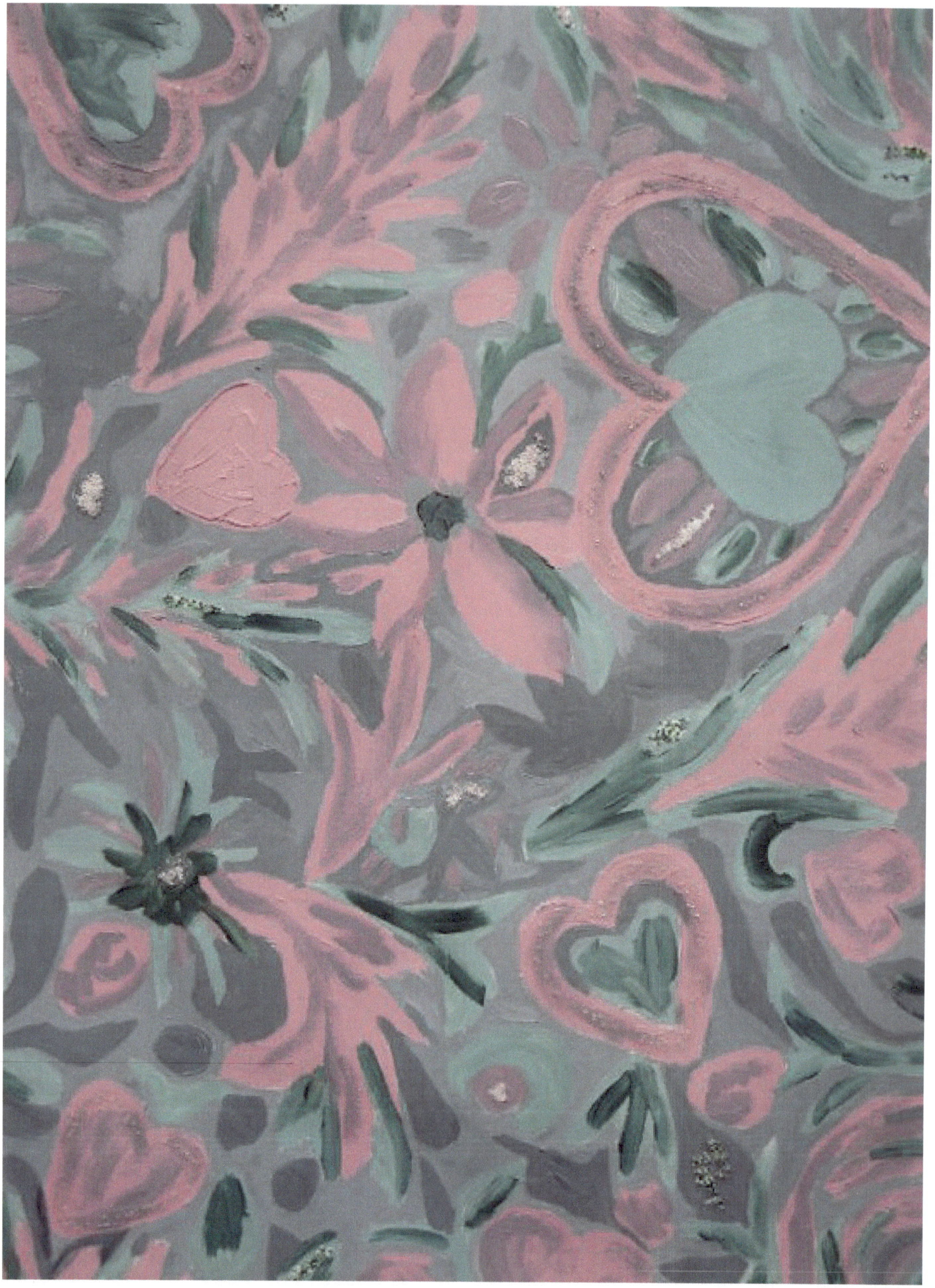

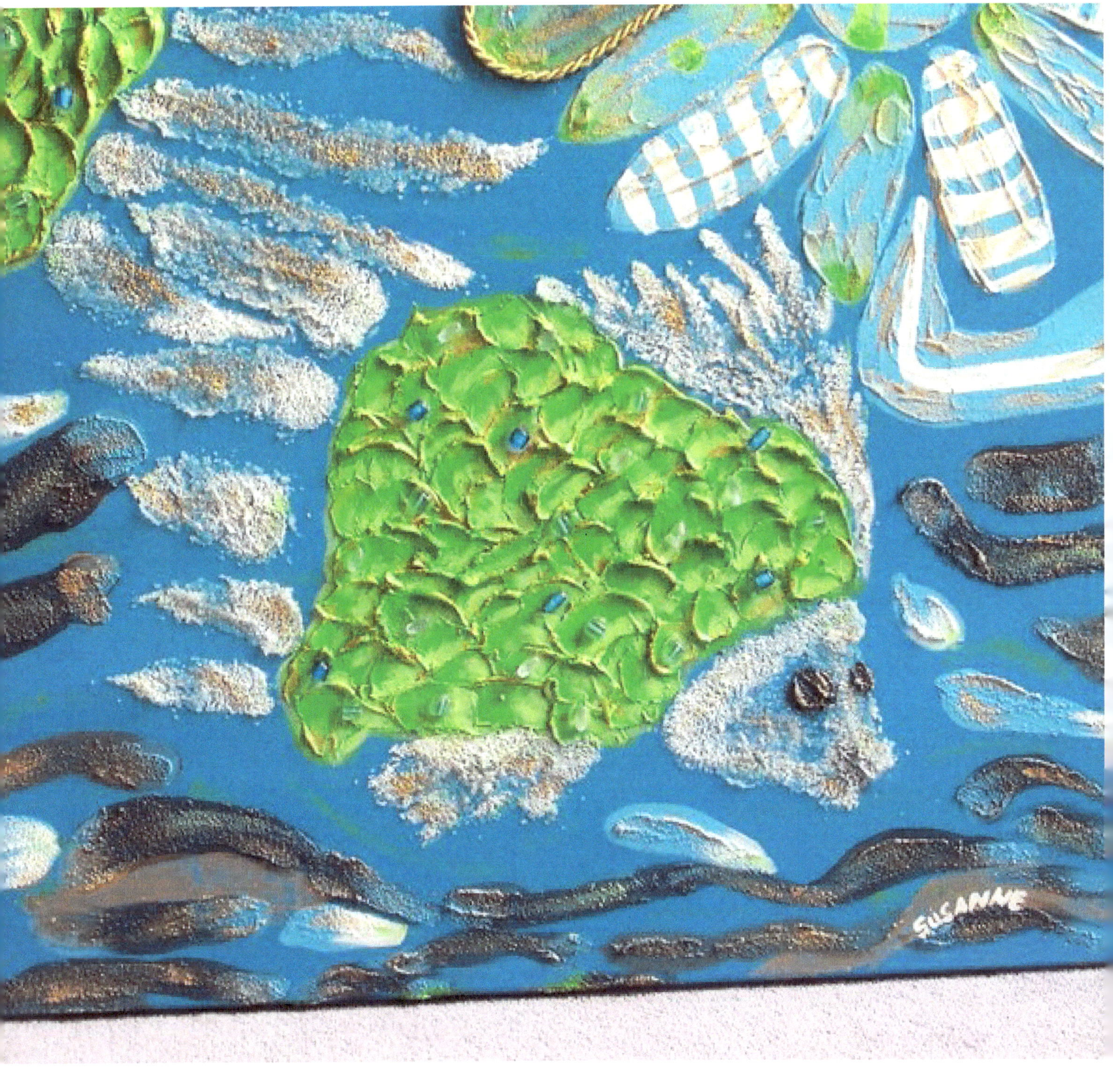
SUSANNE

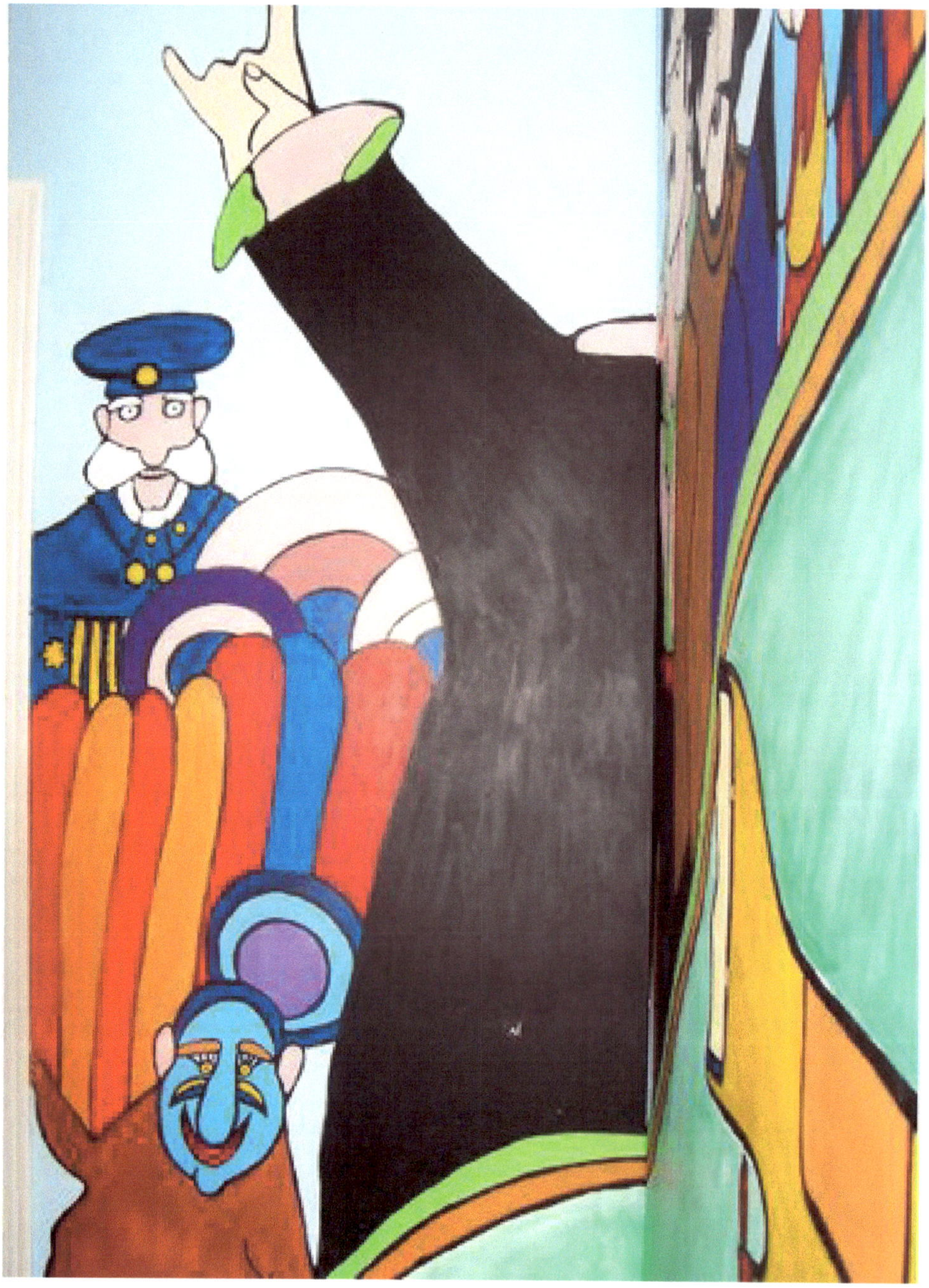

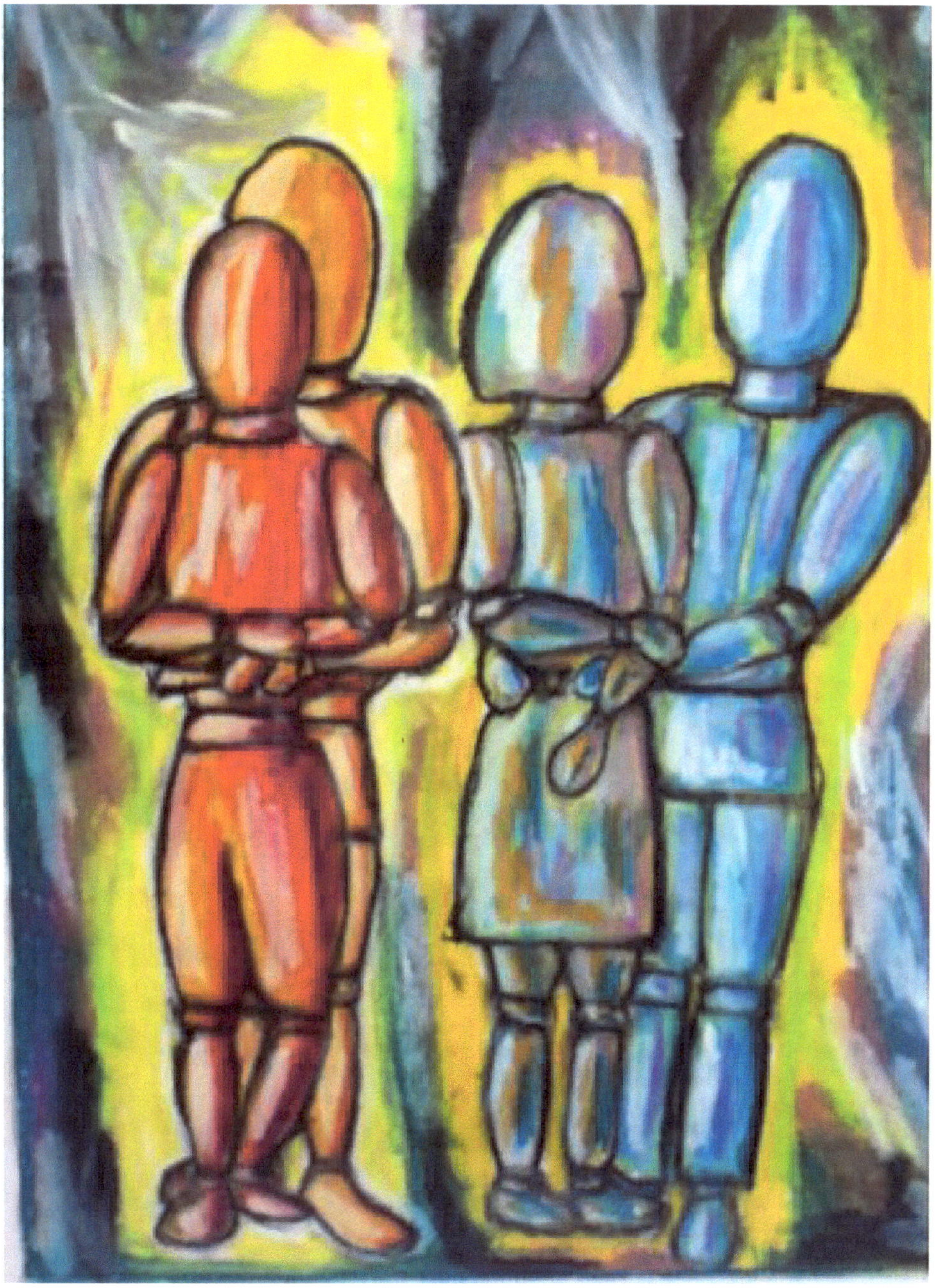

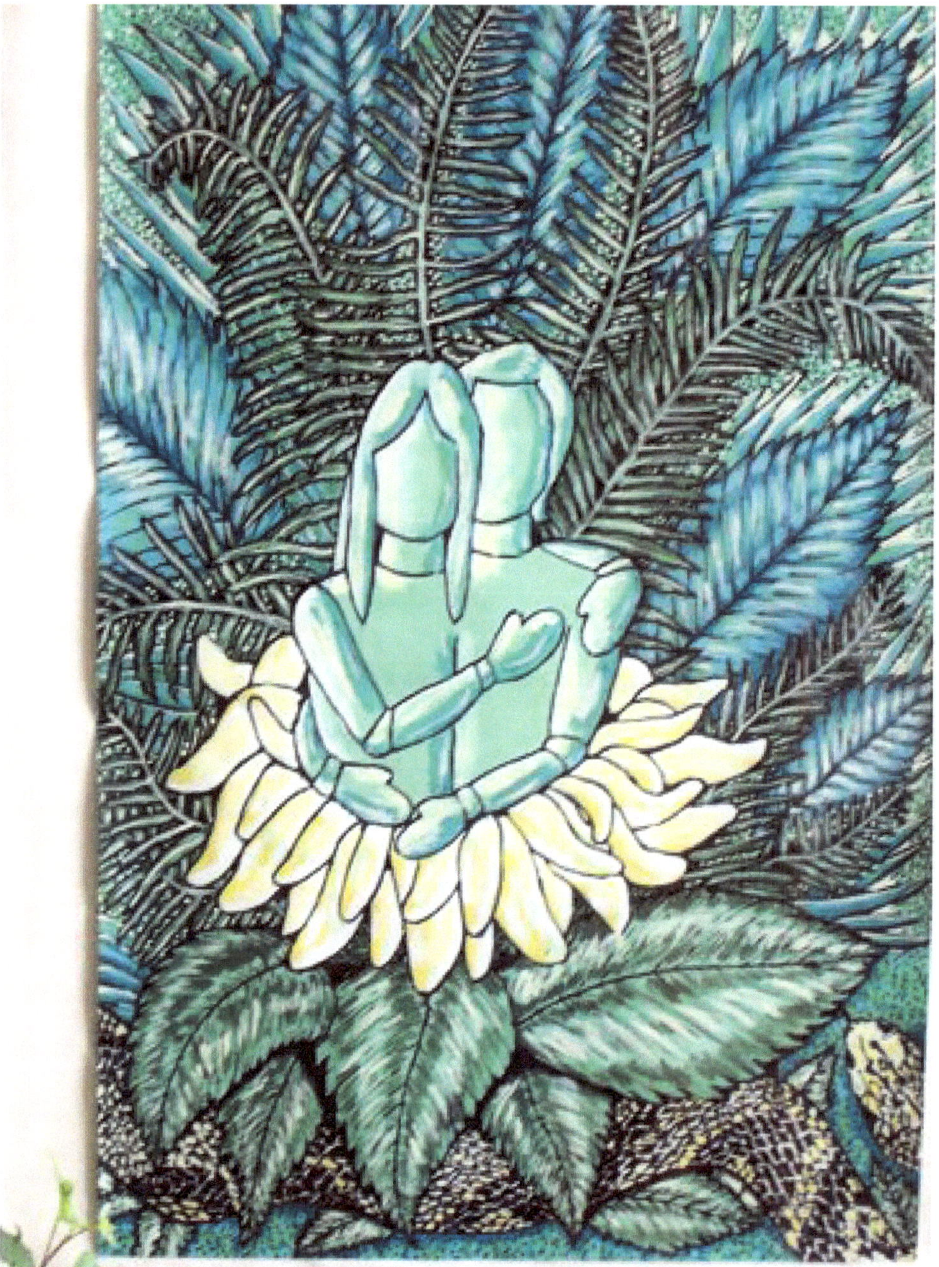

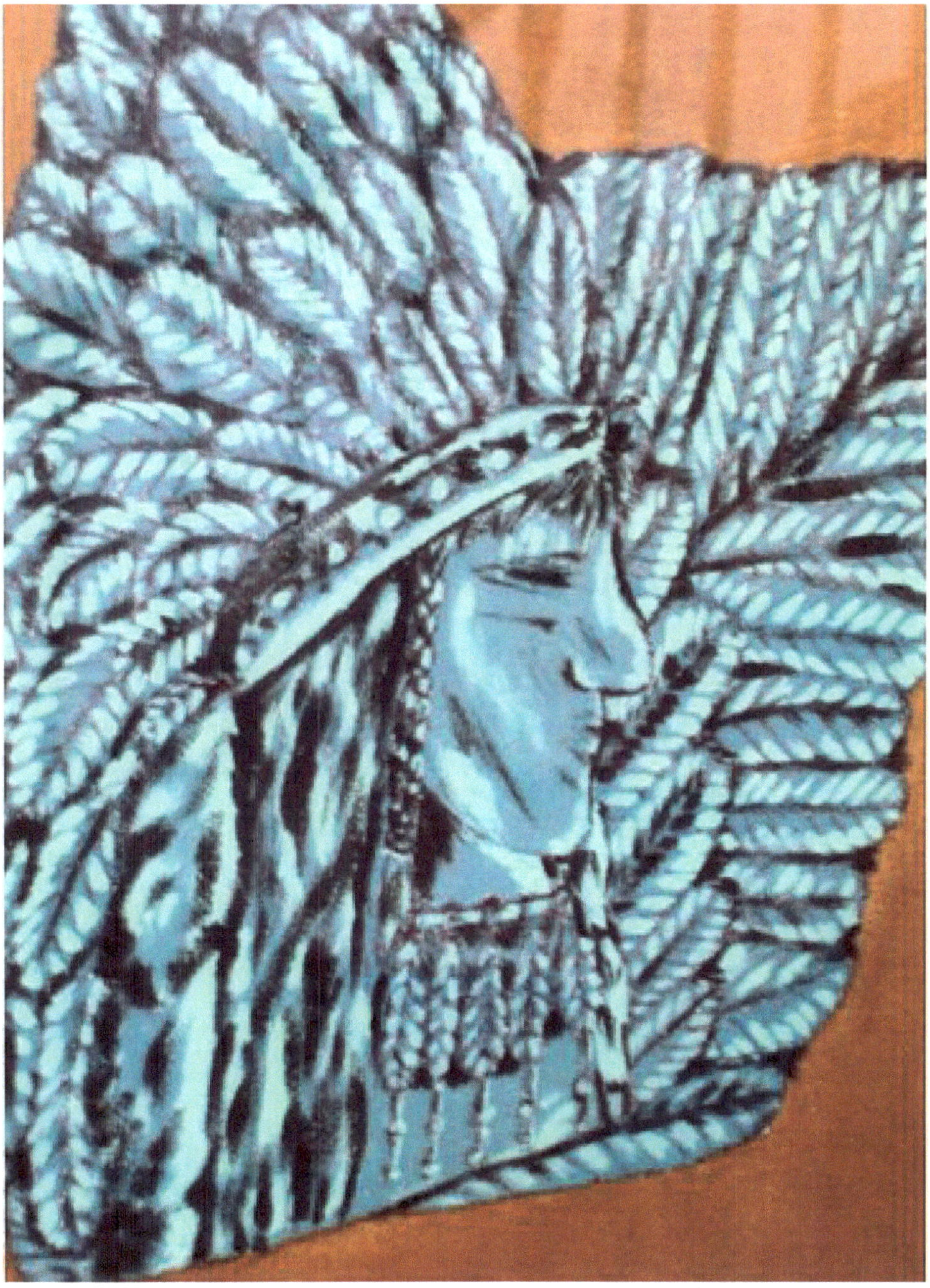

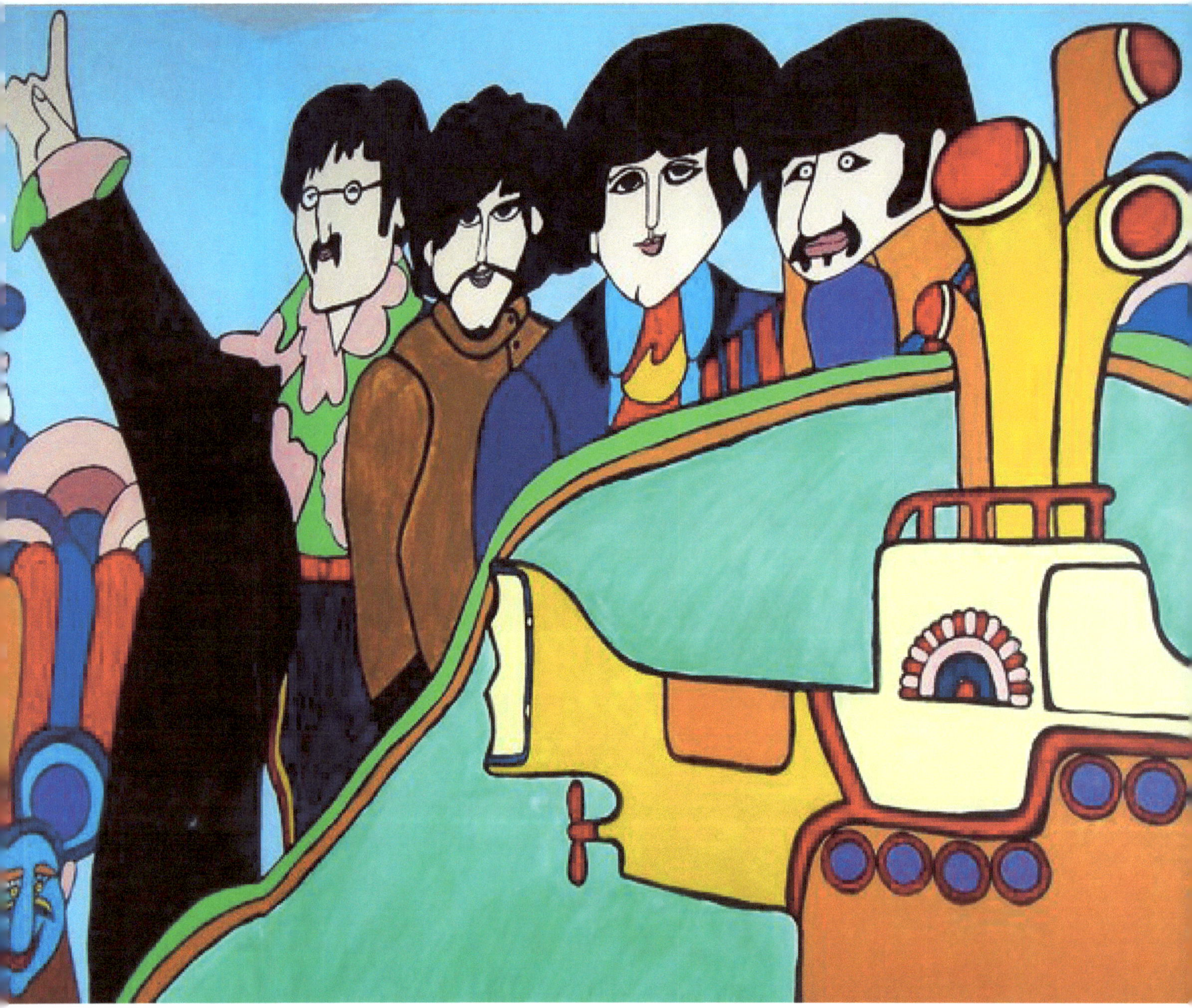

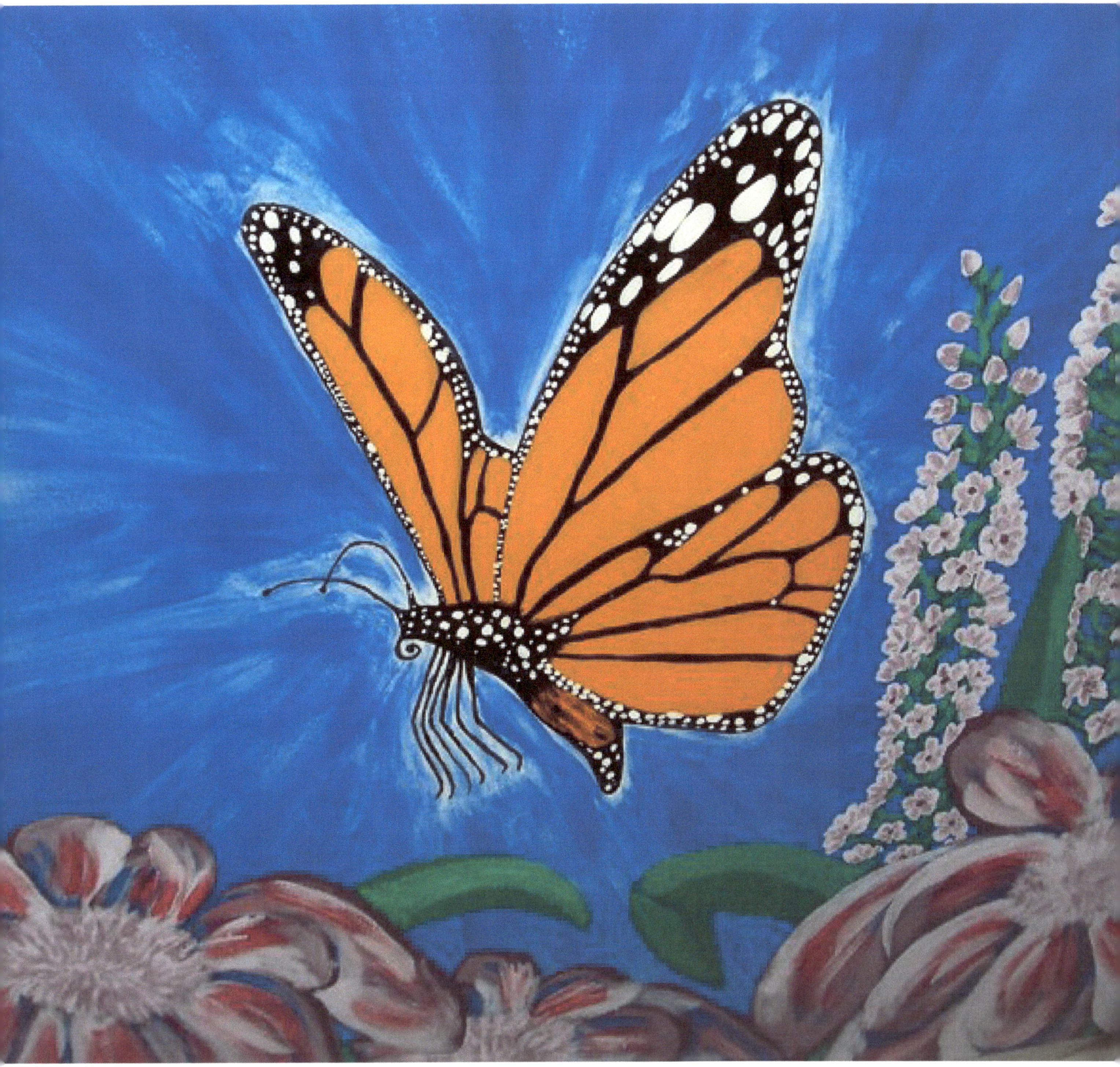

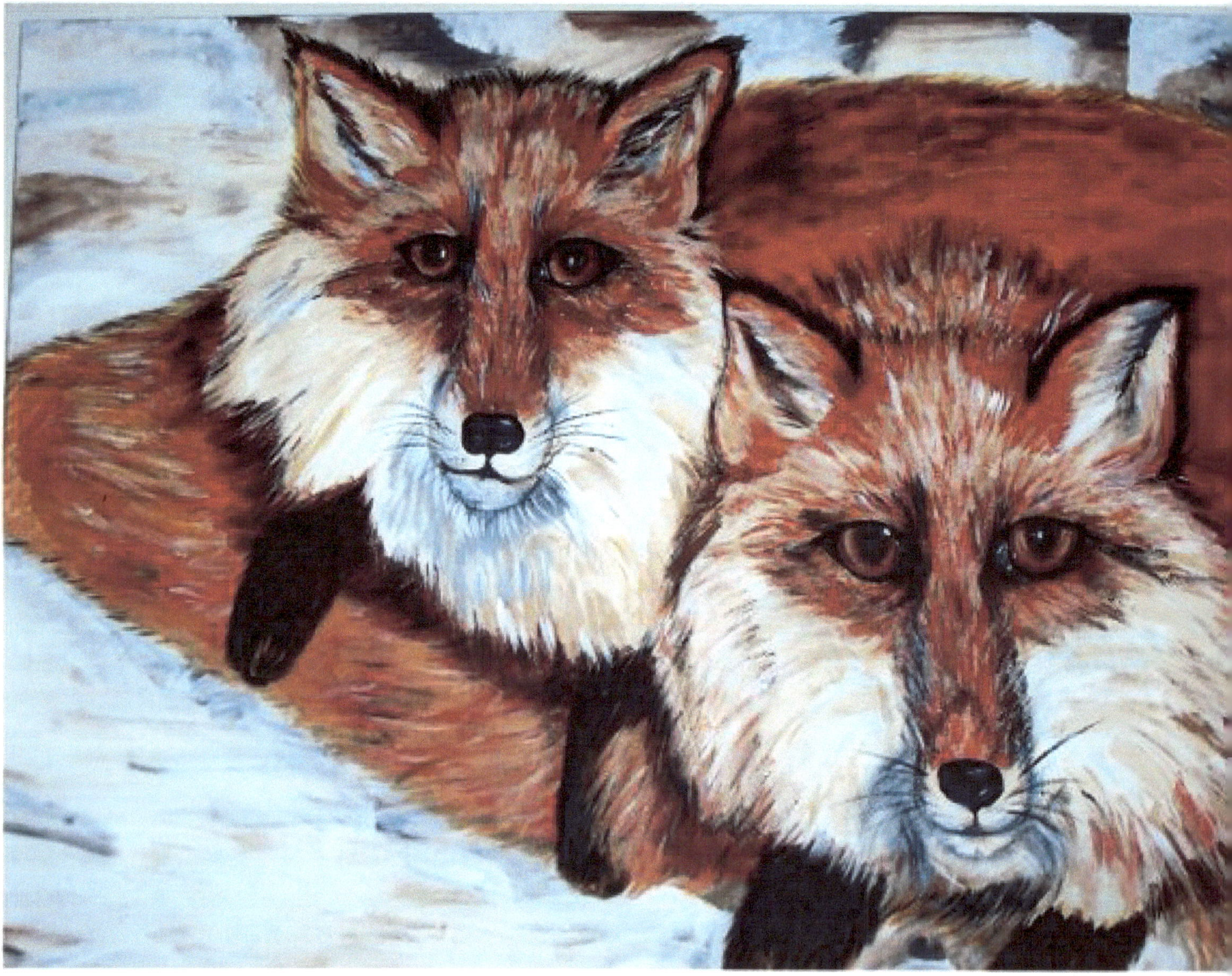

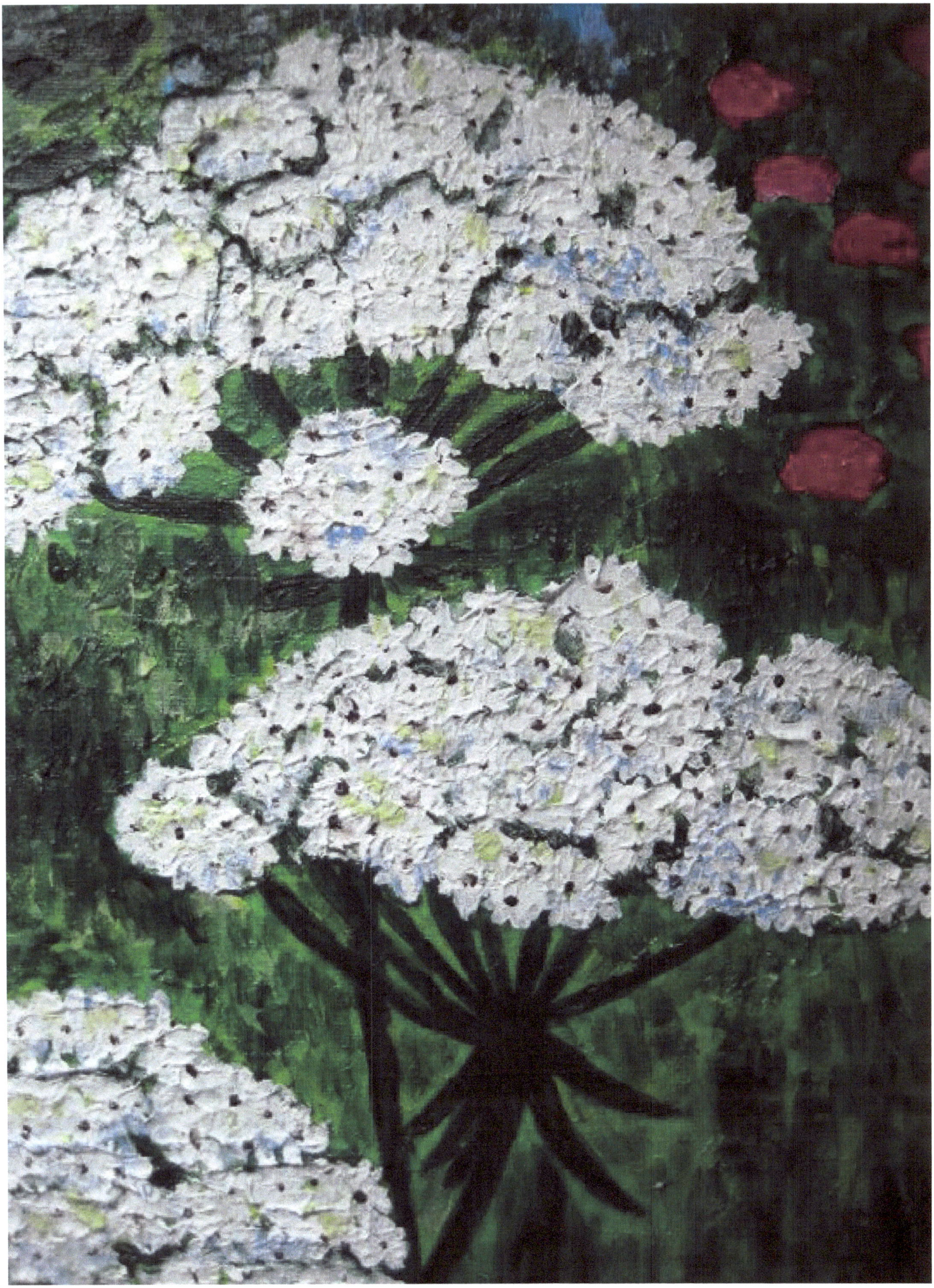

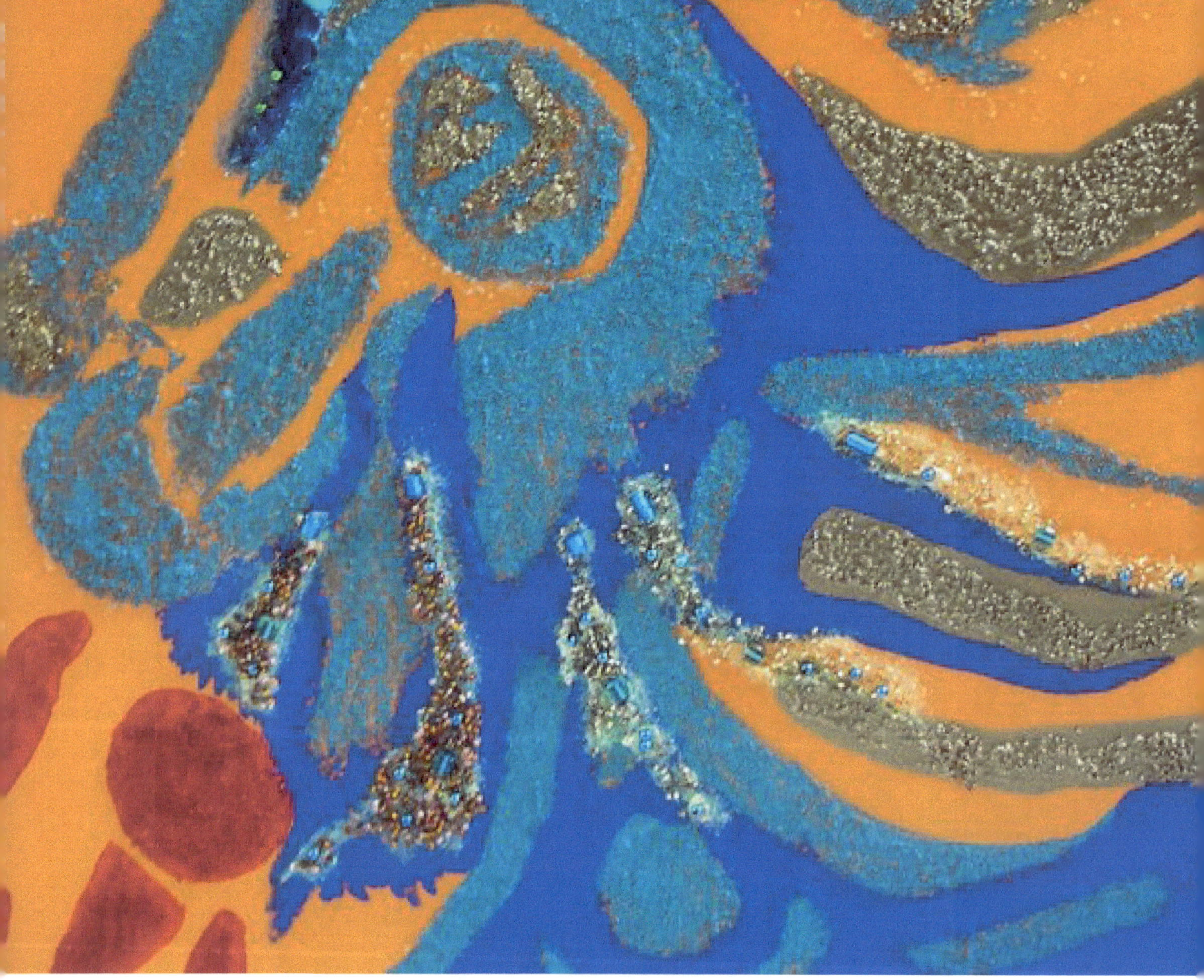

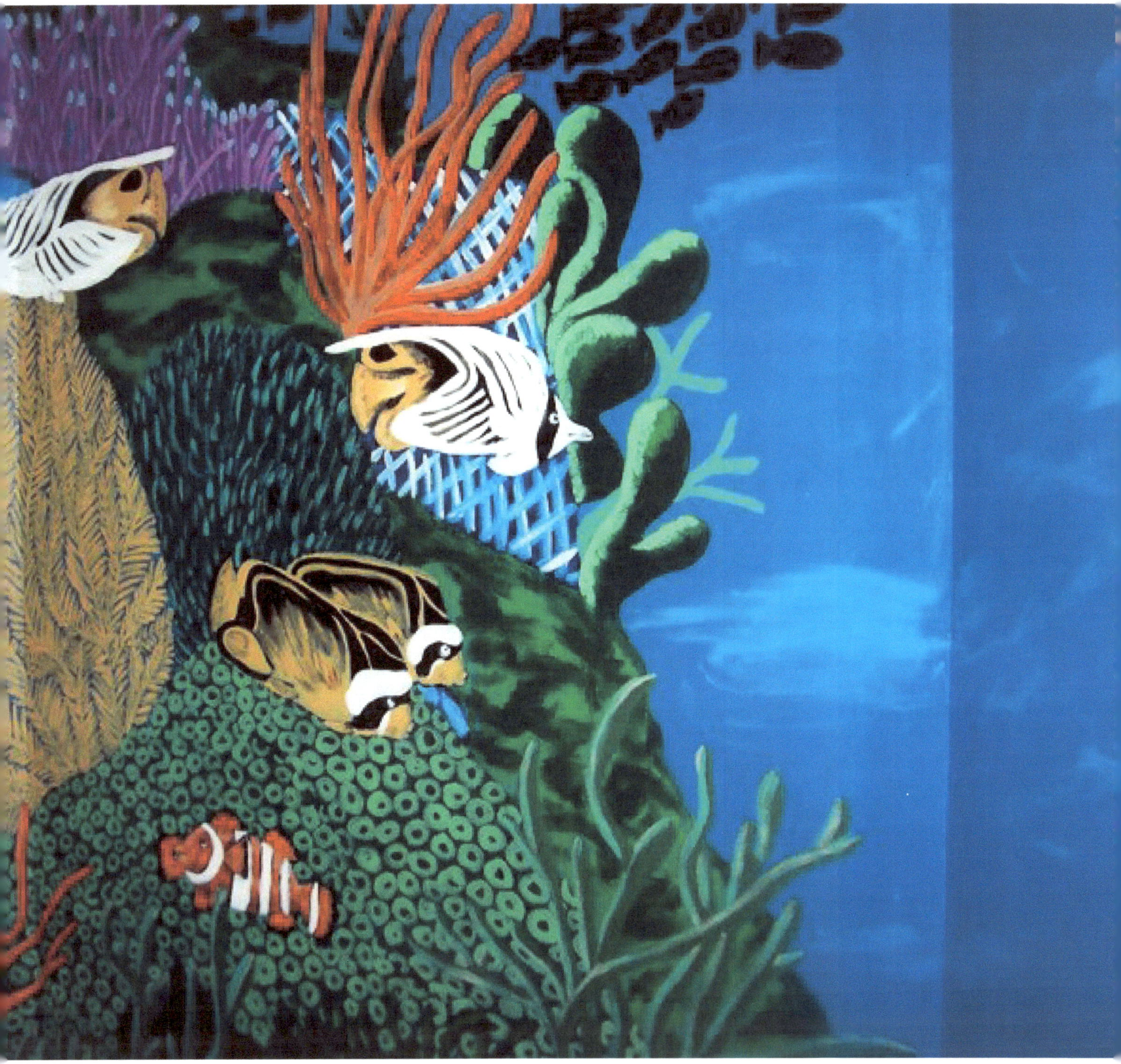

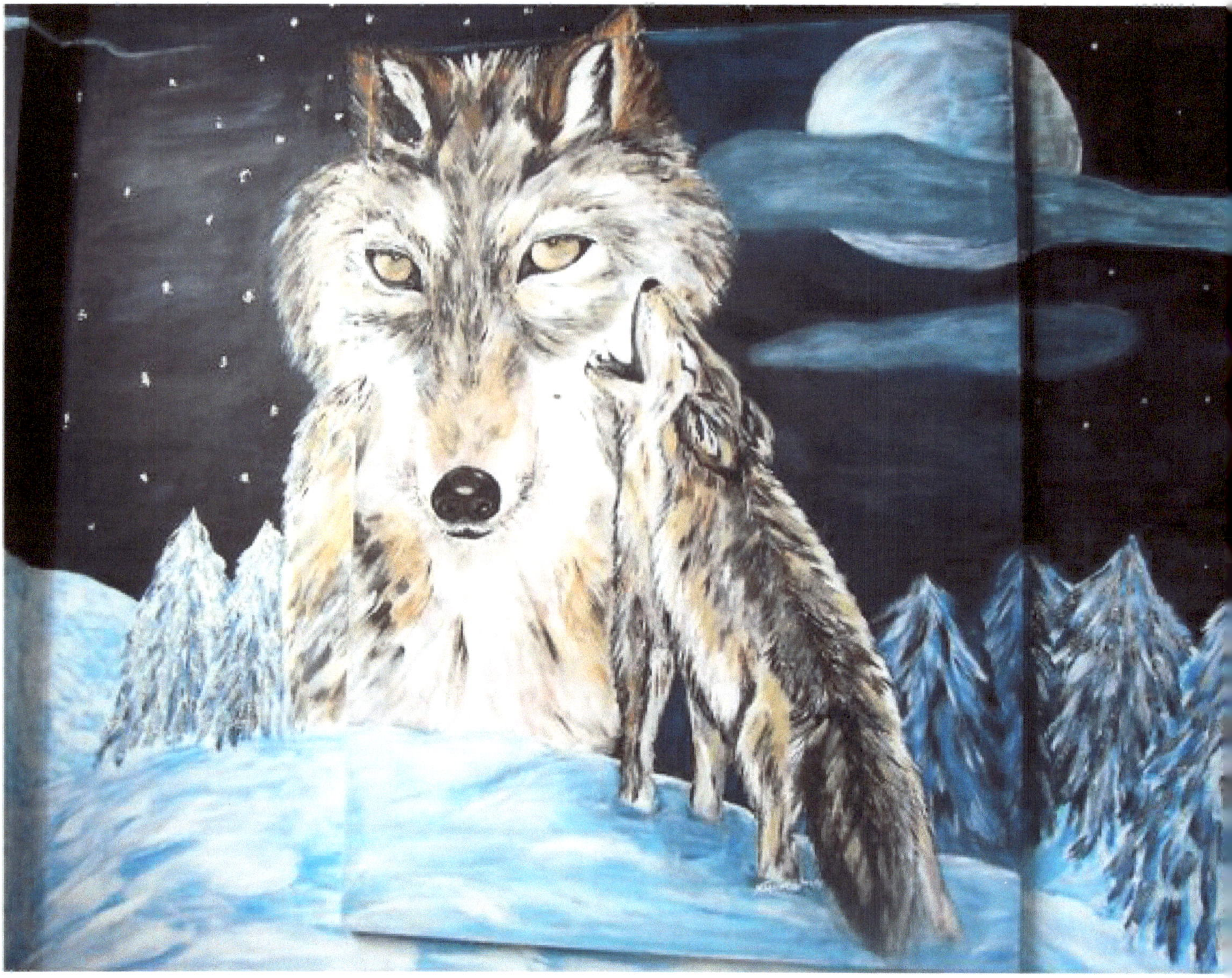

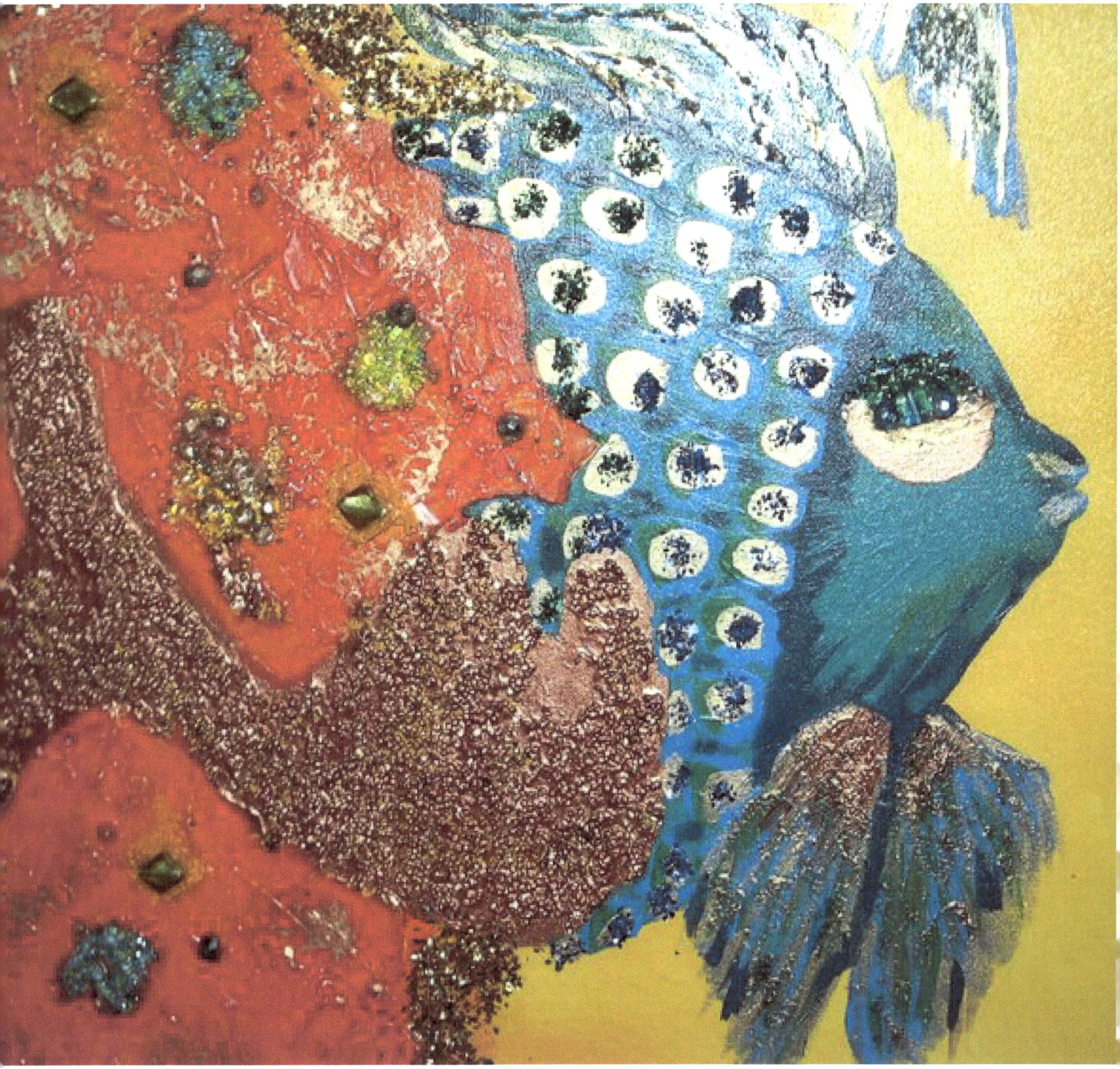

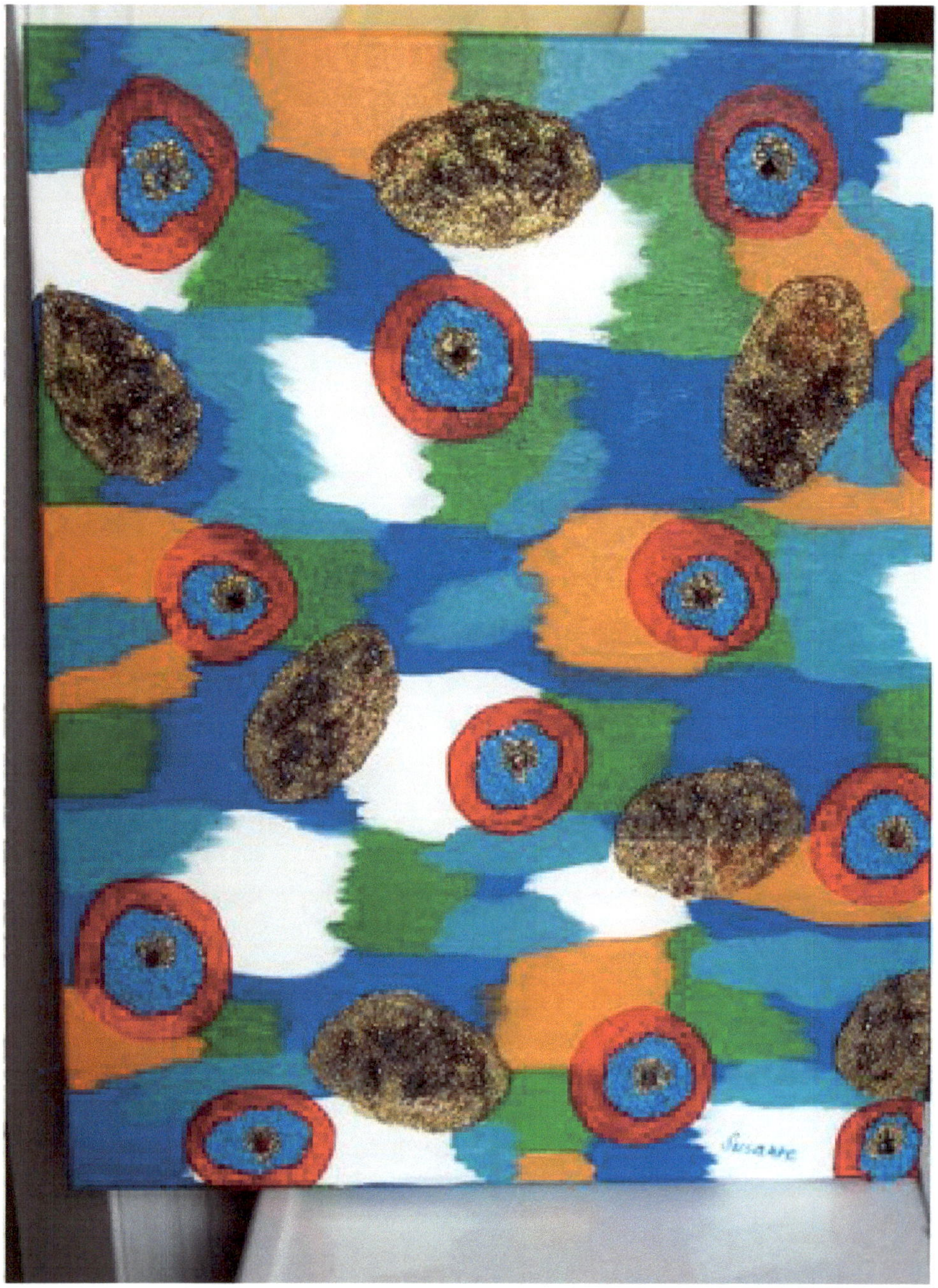

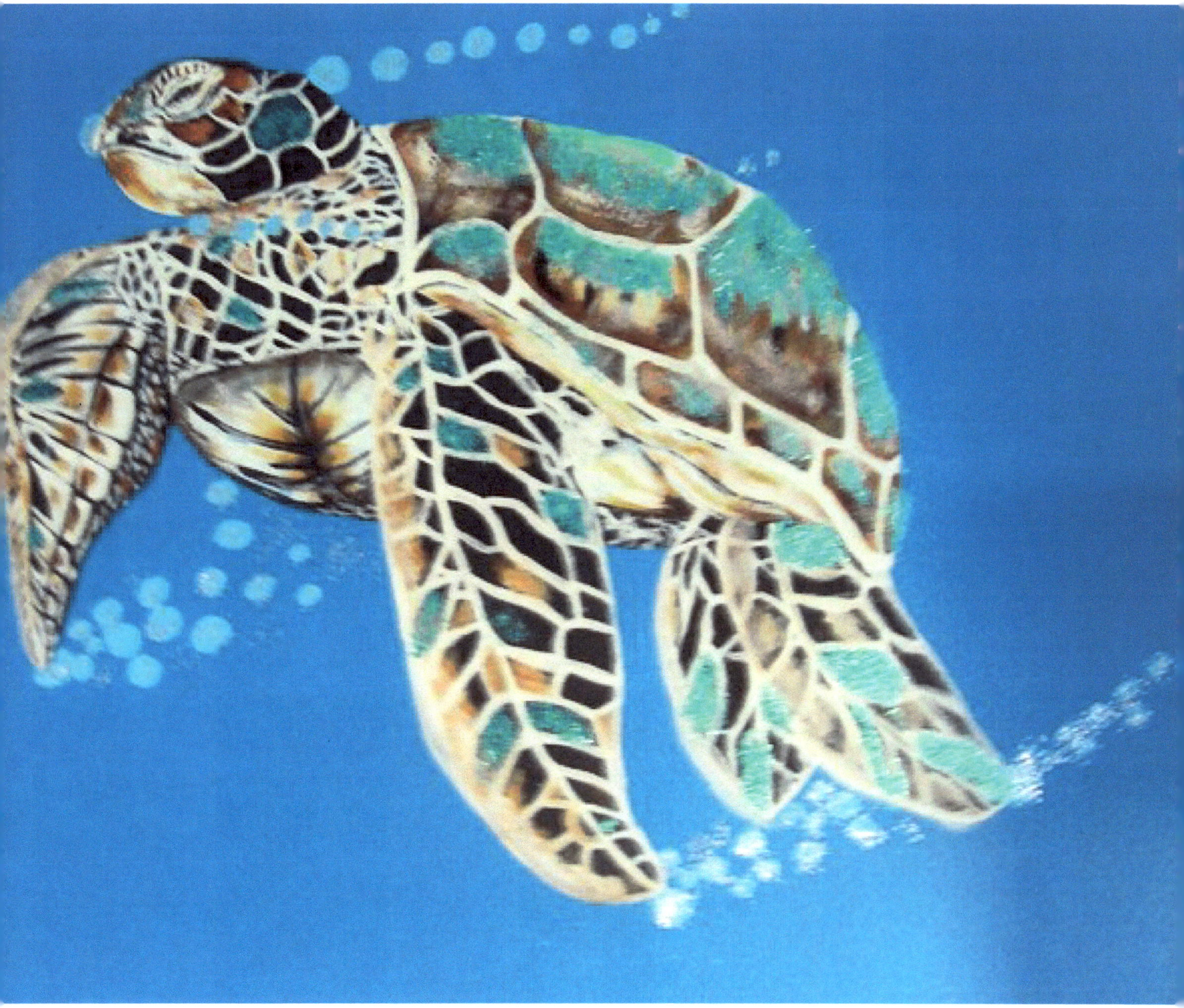

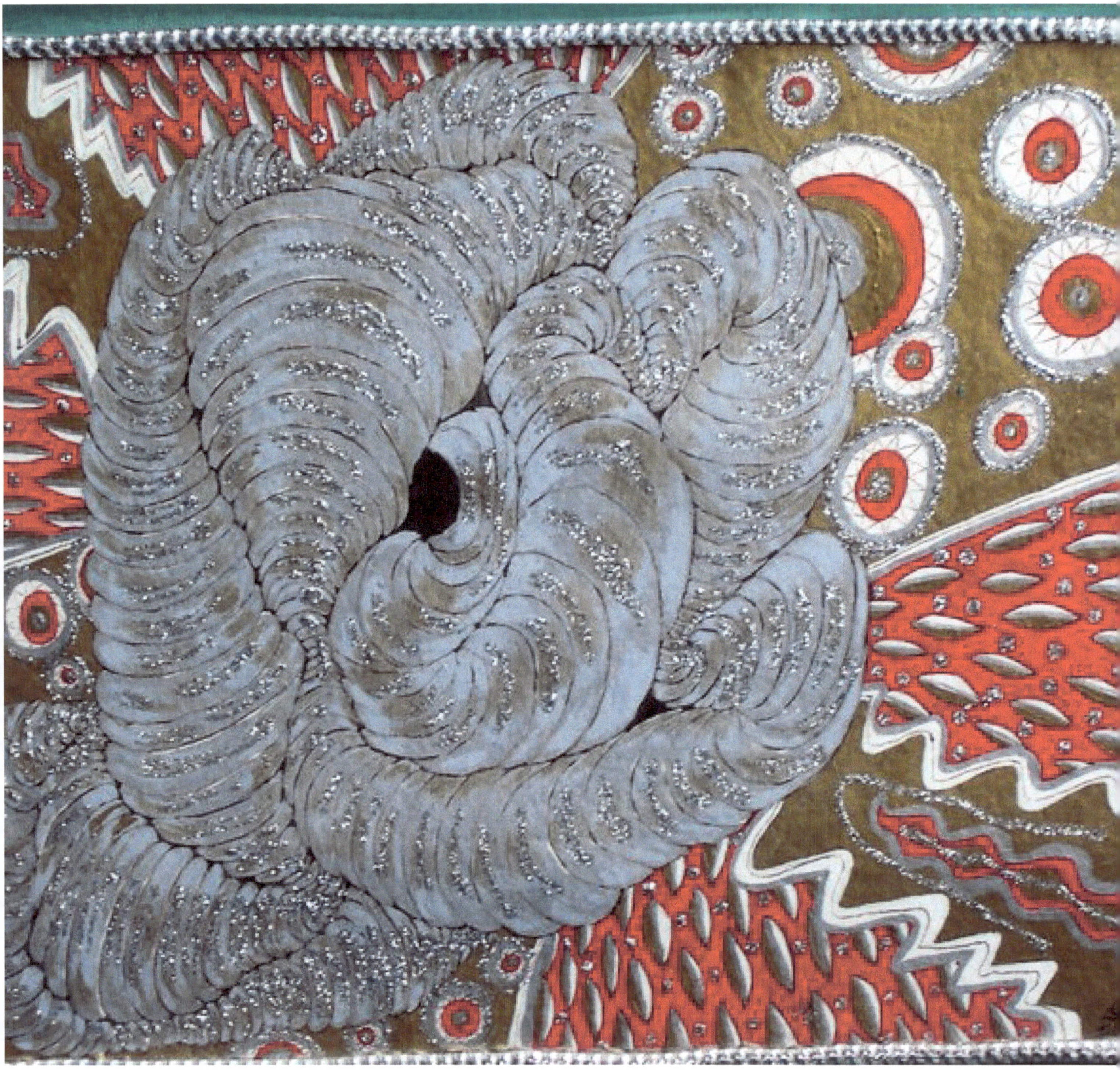

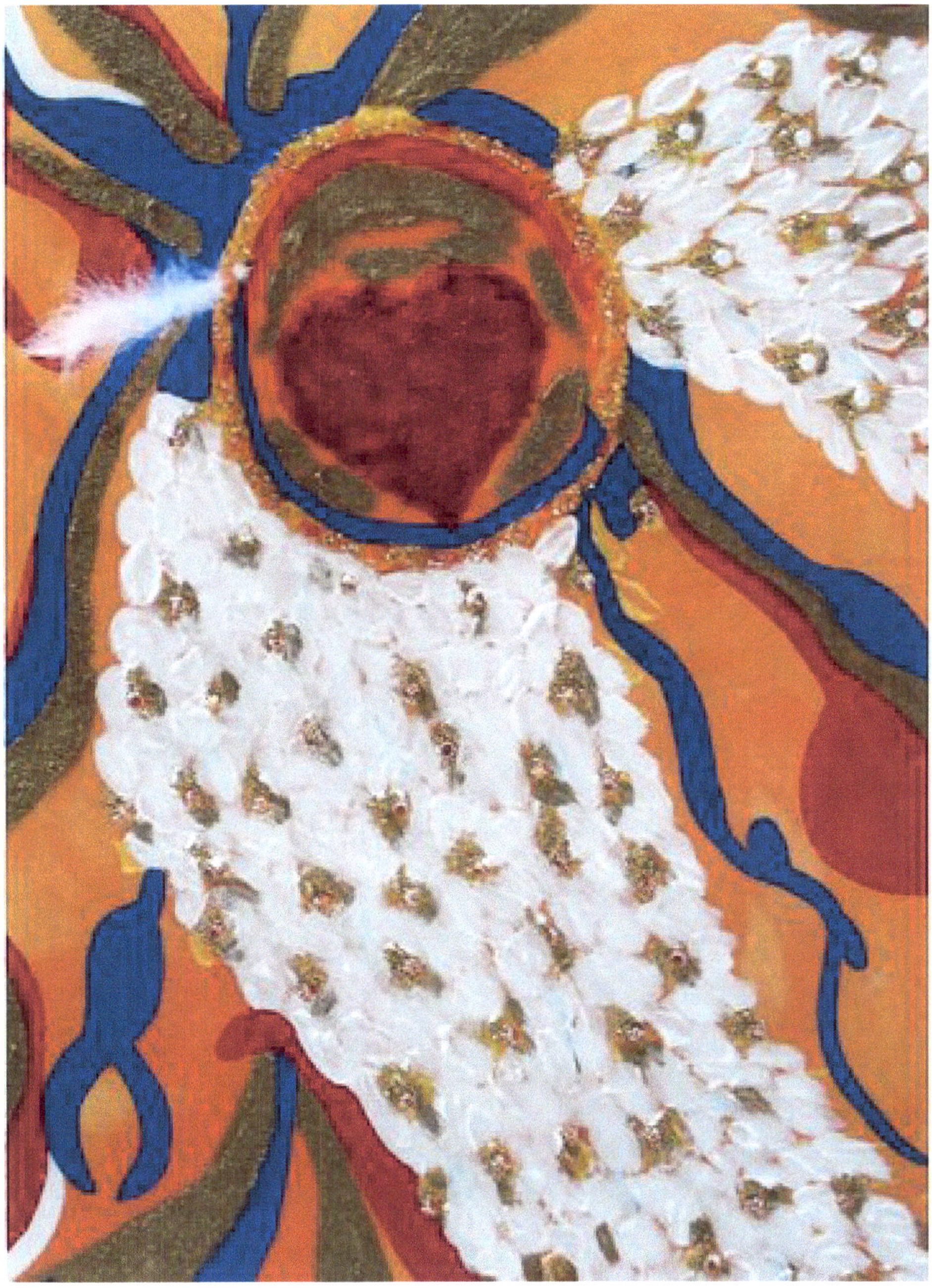

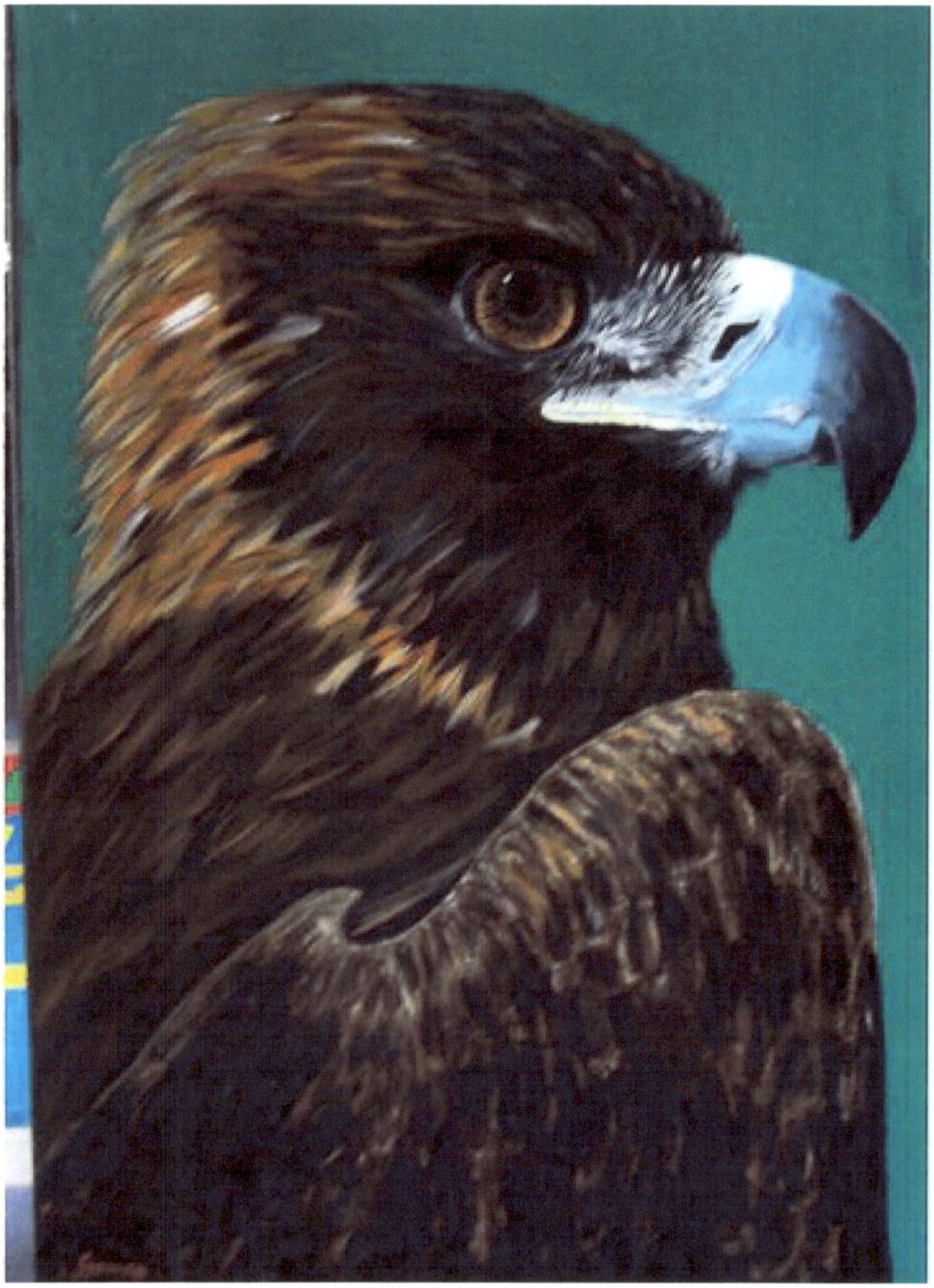

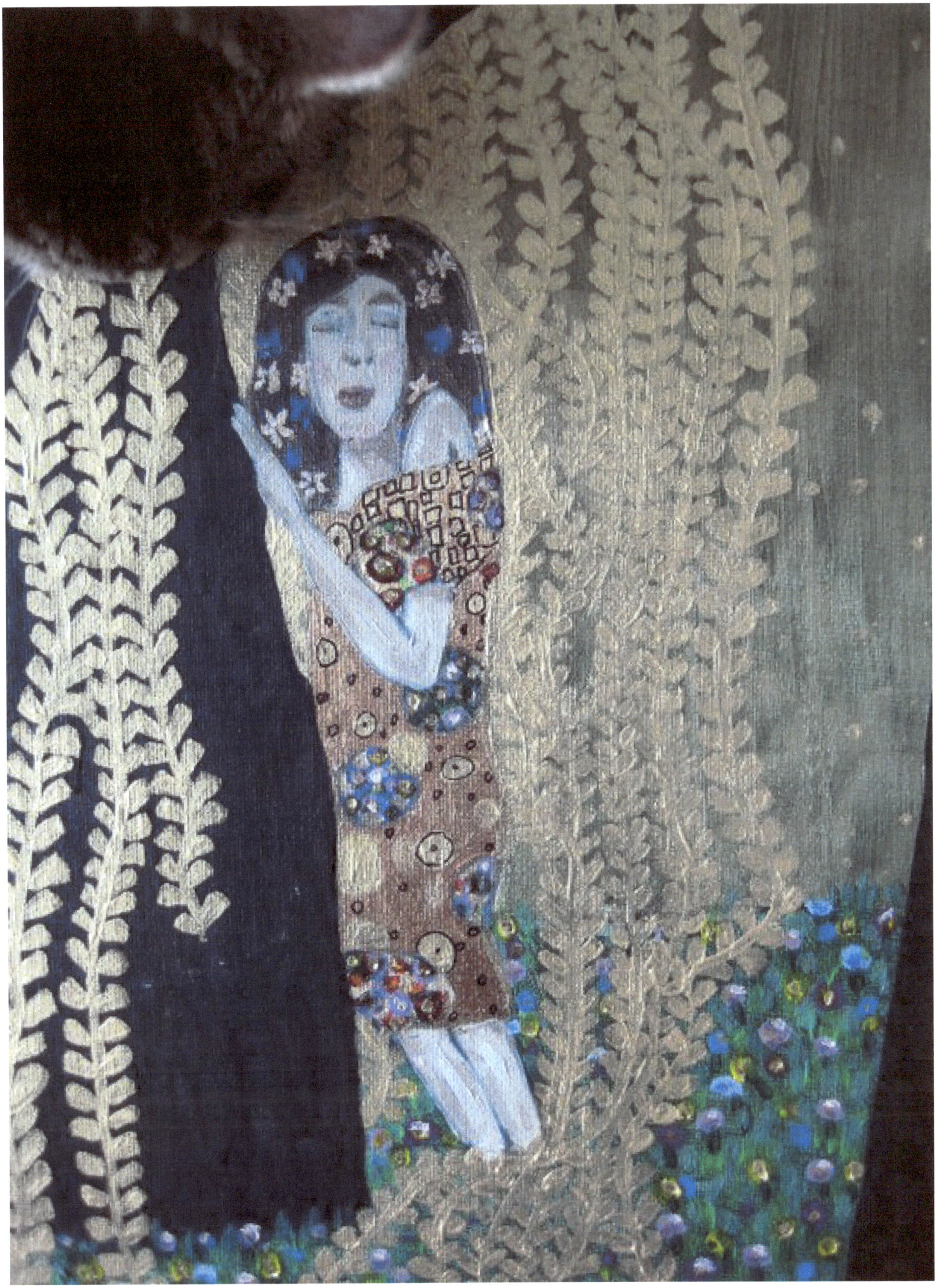

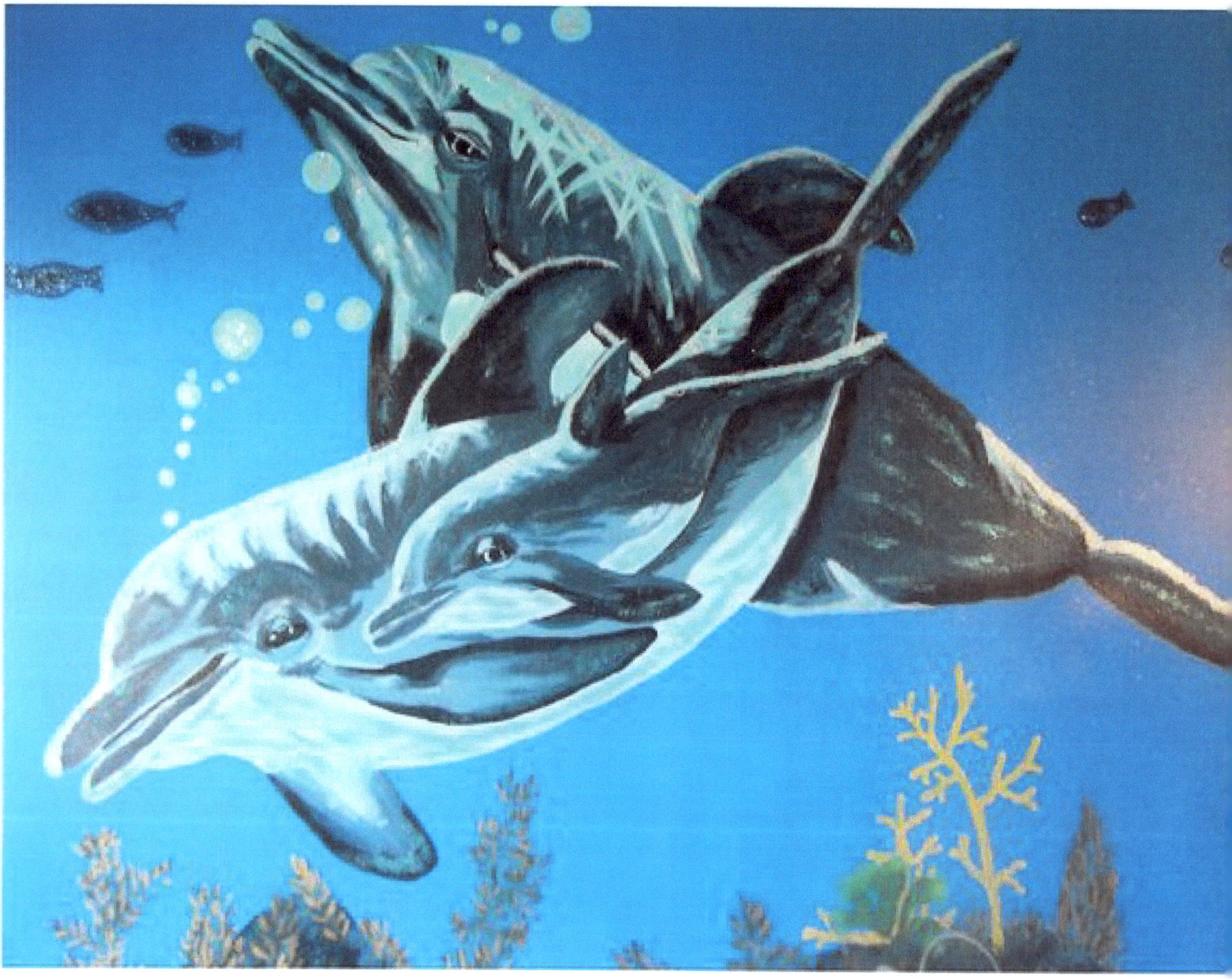

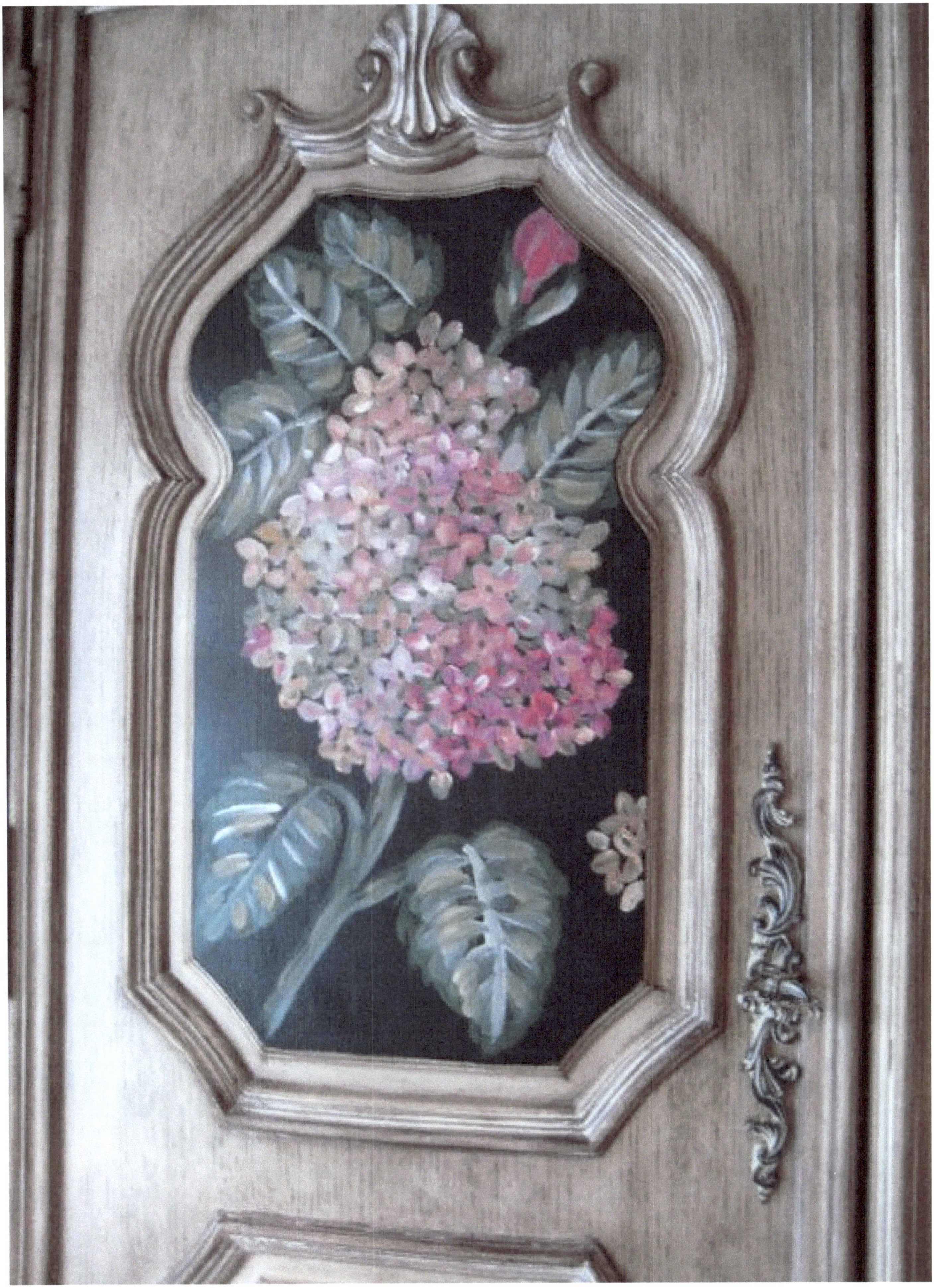

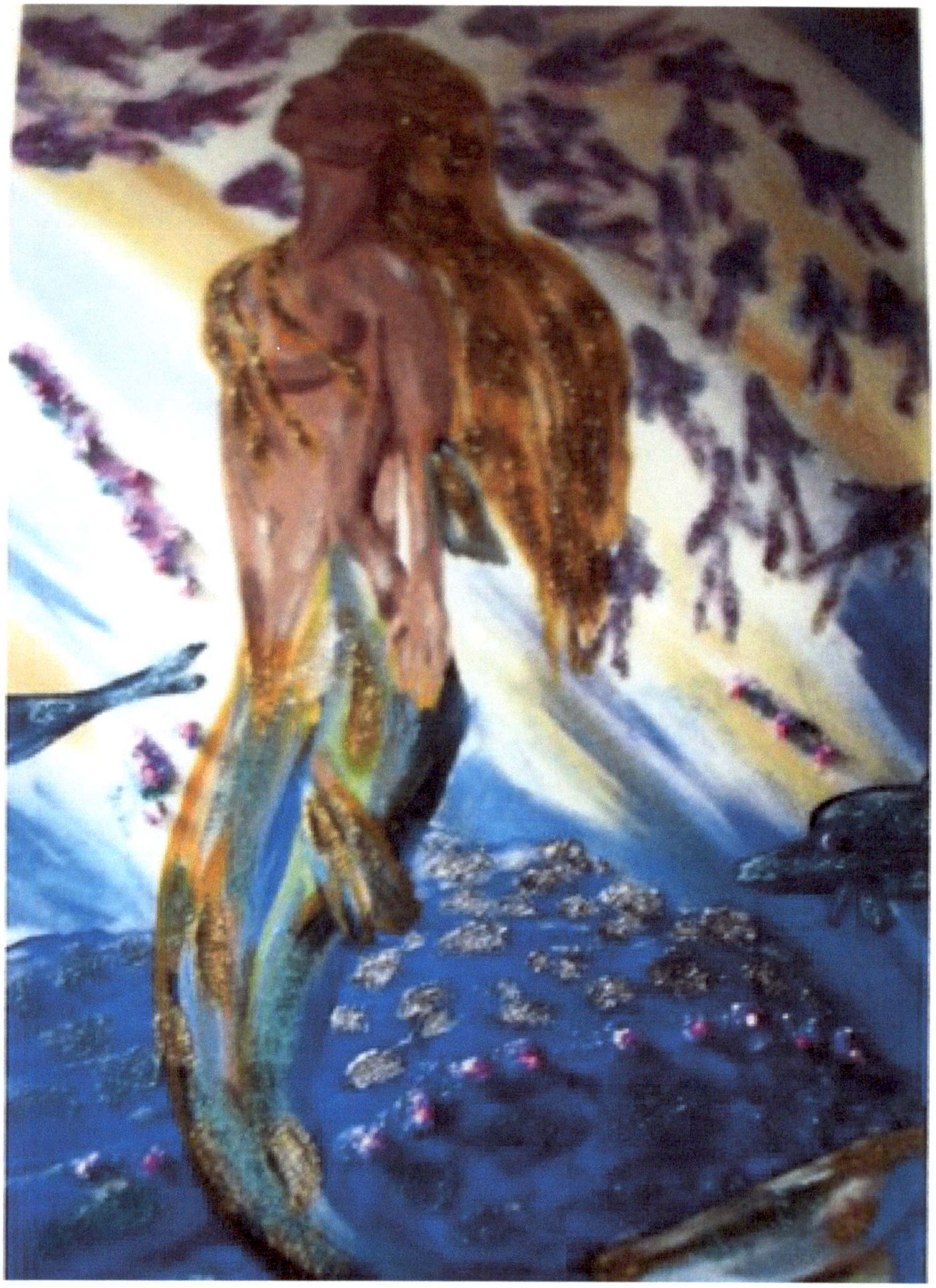

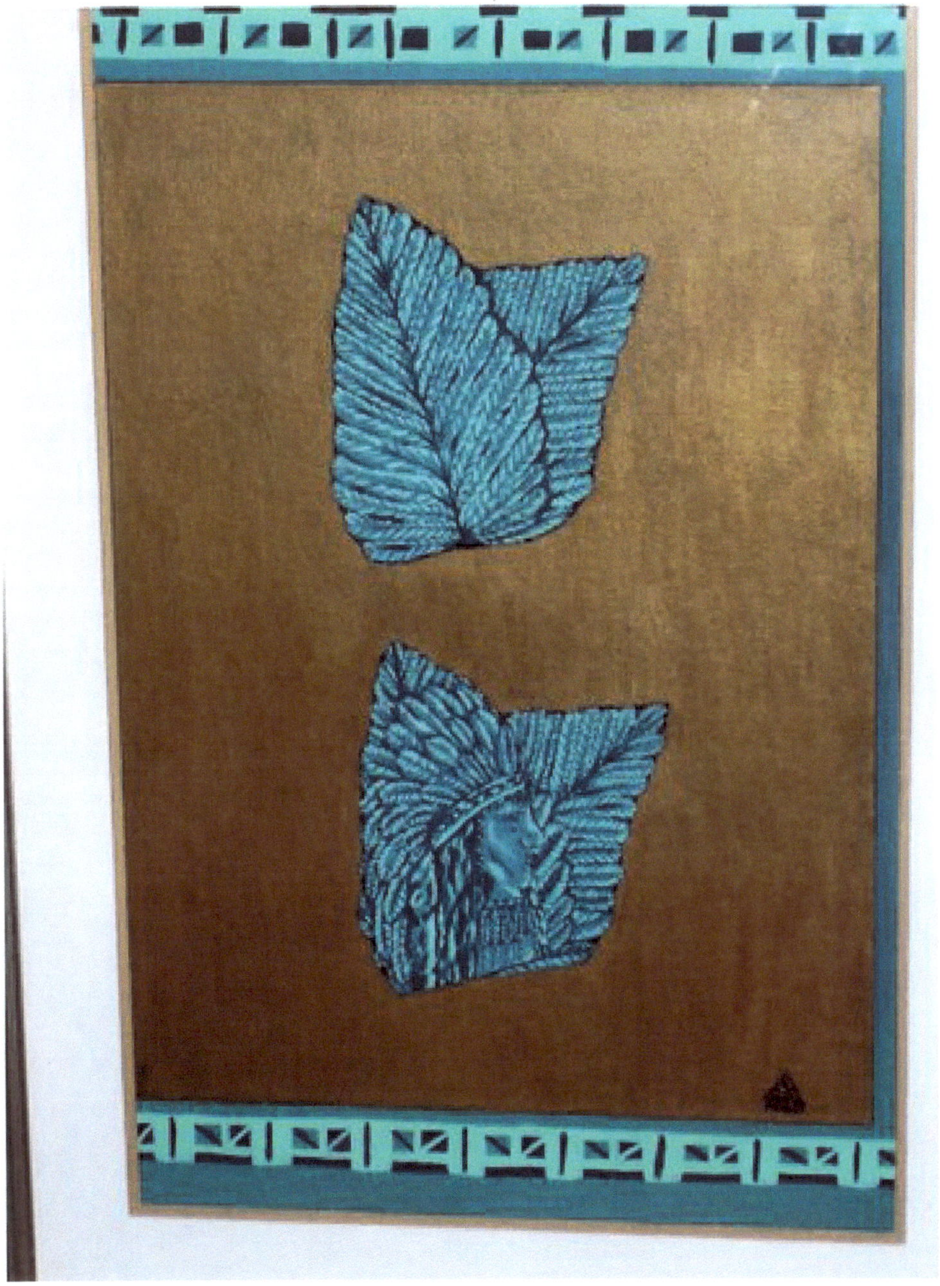

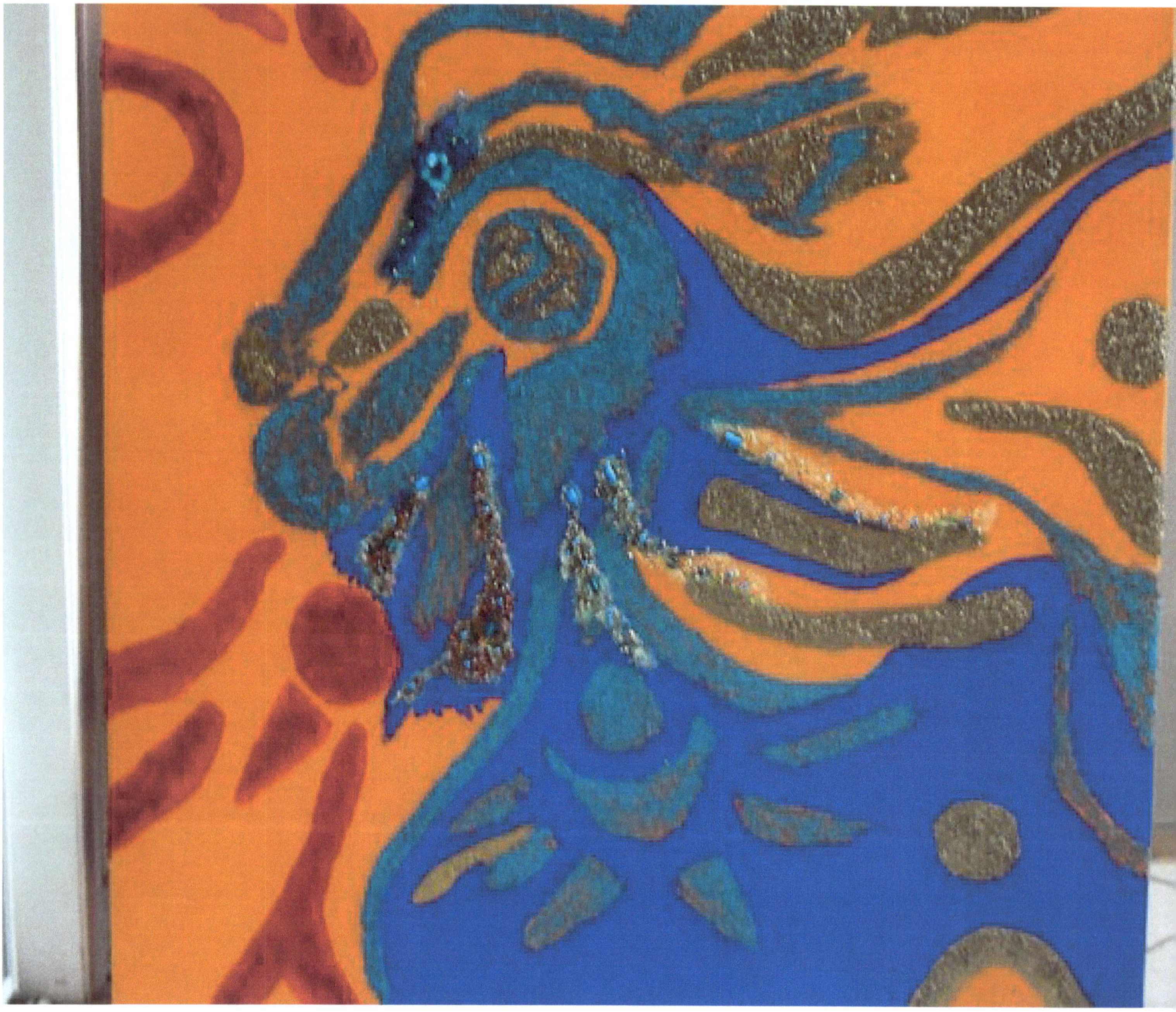

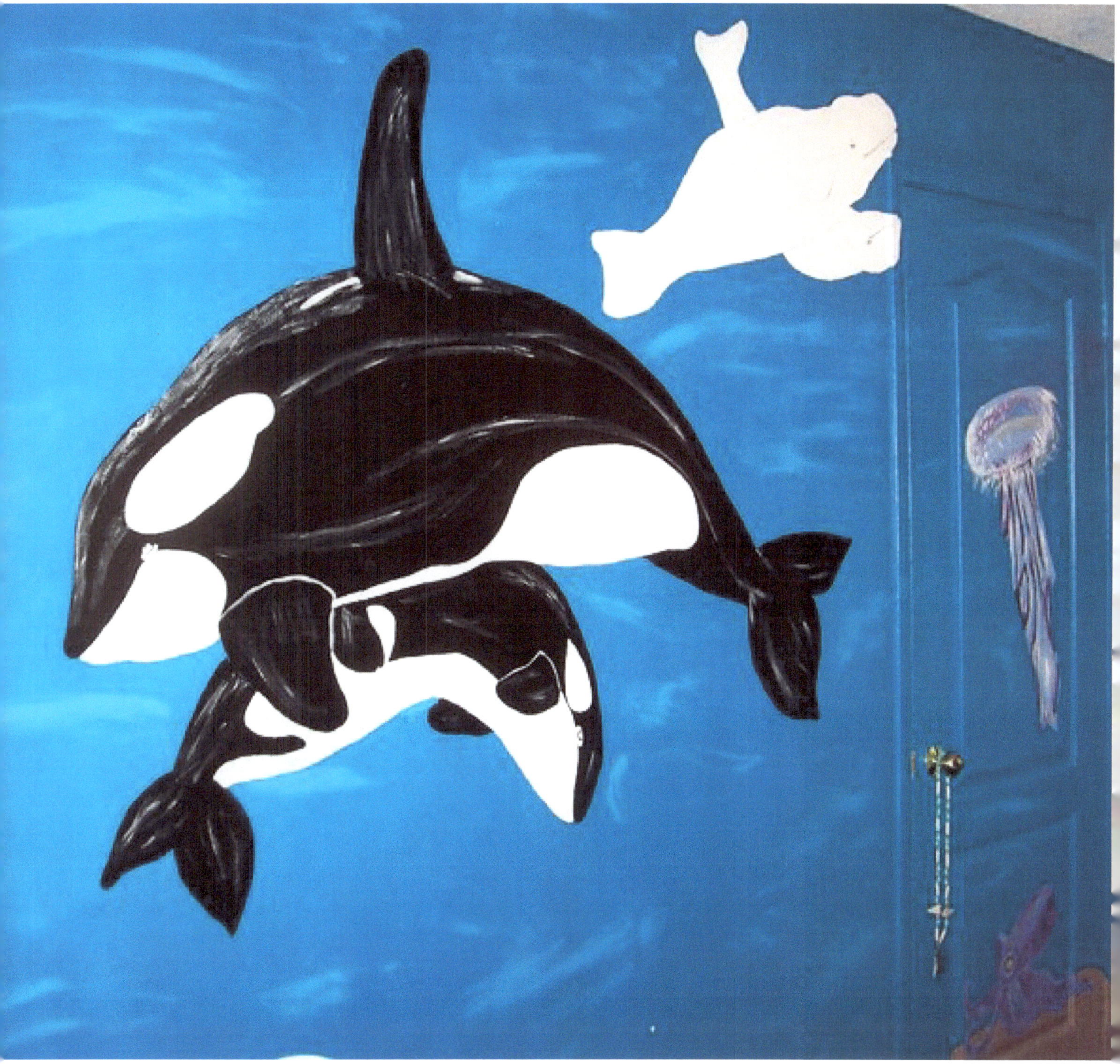

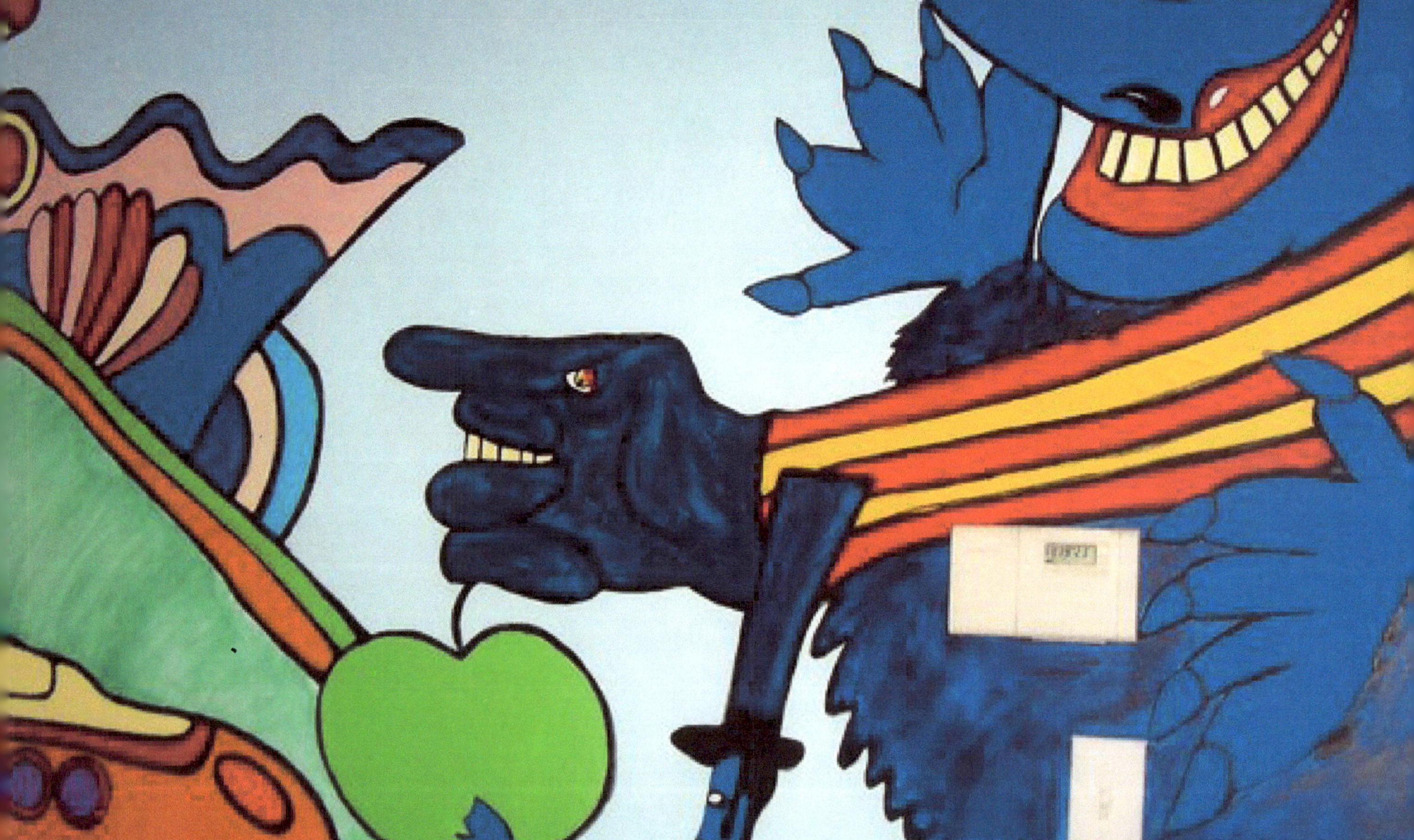

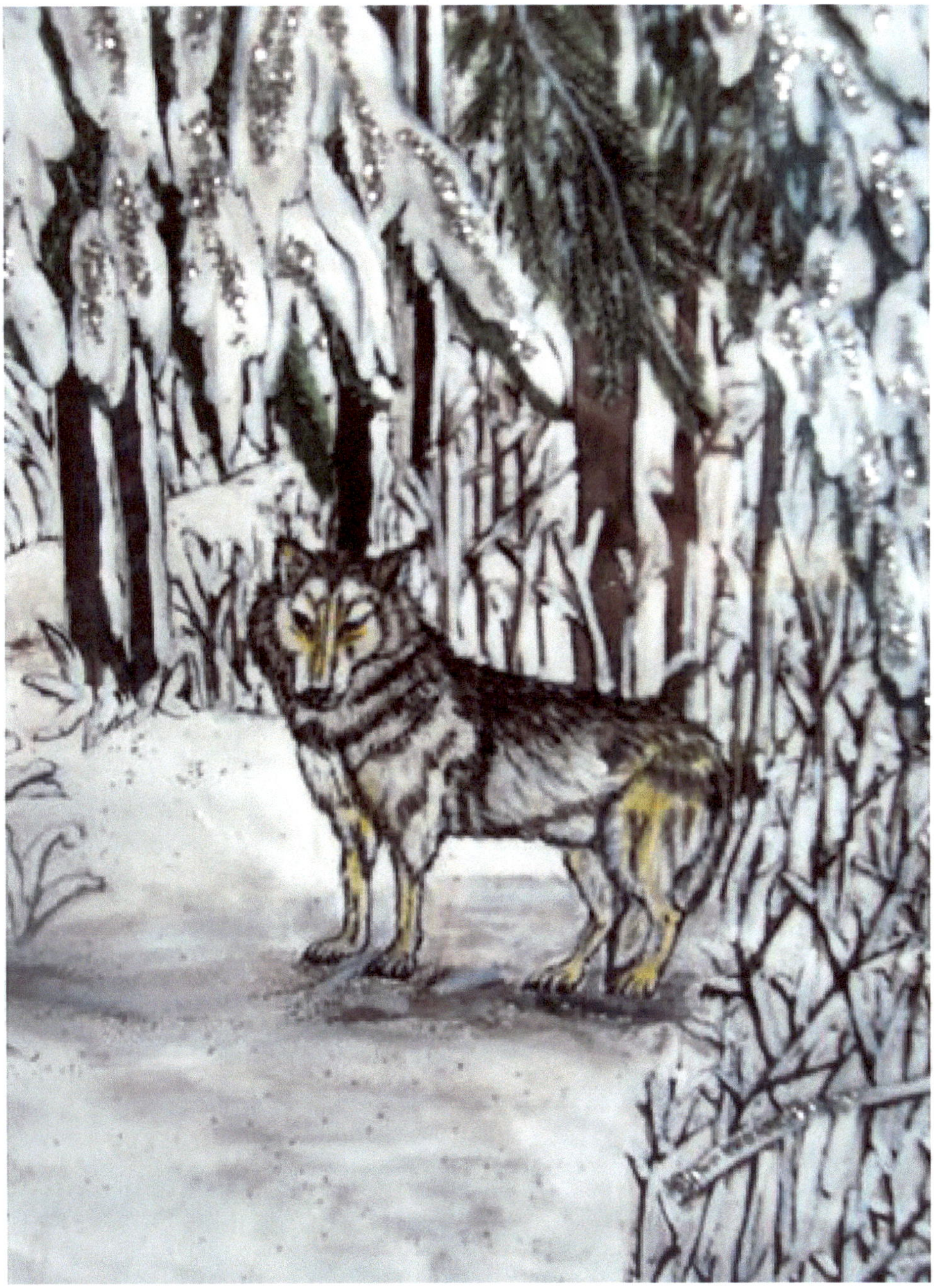

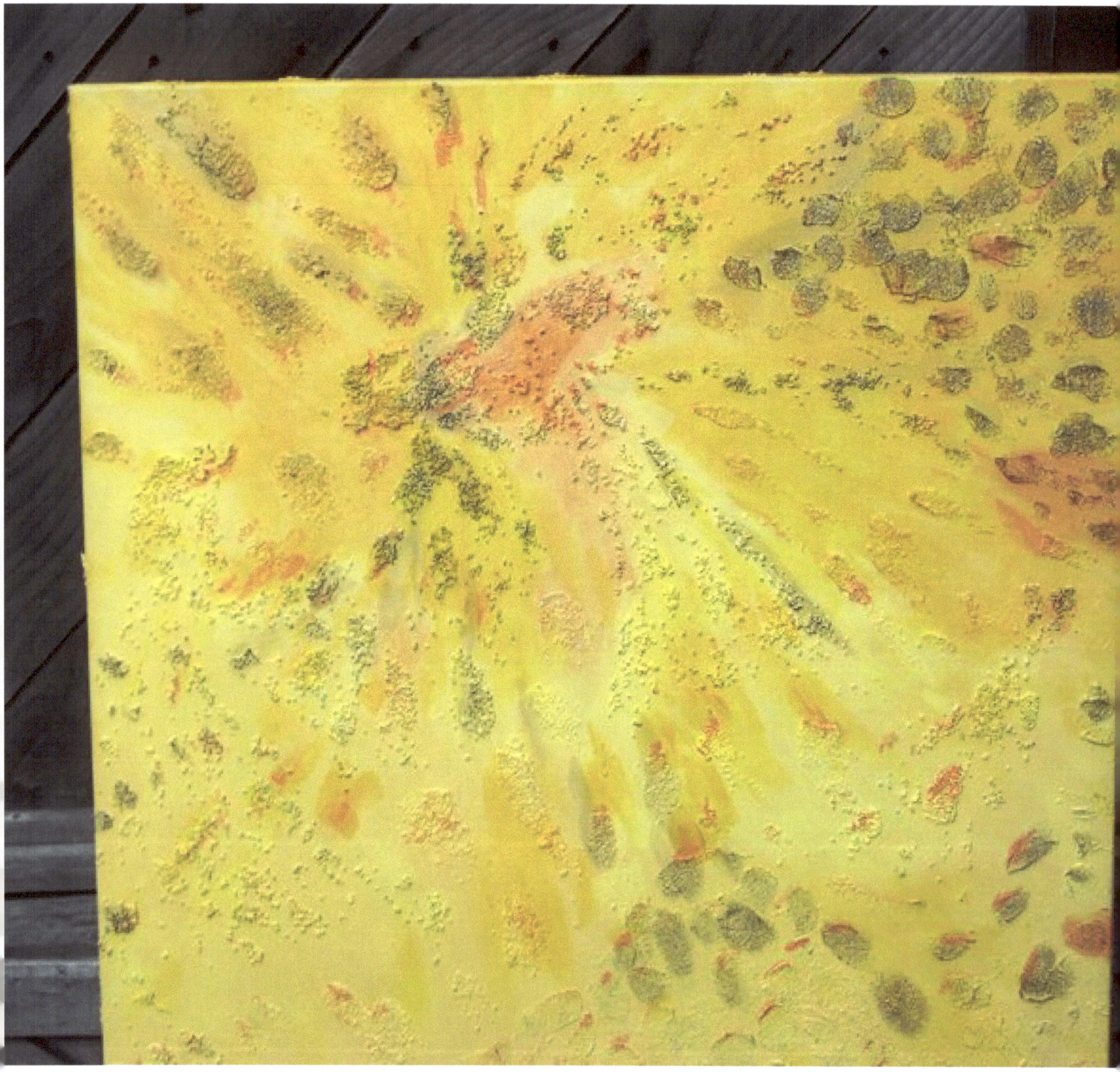

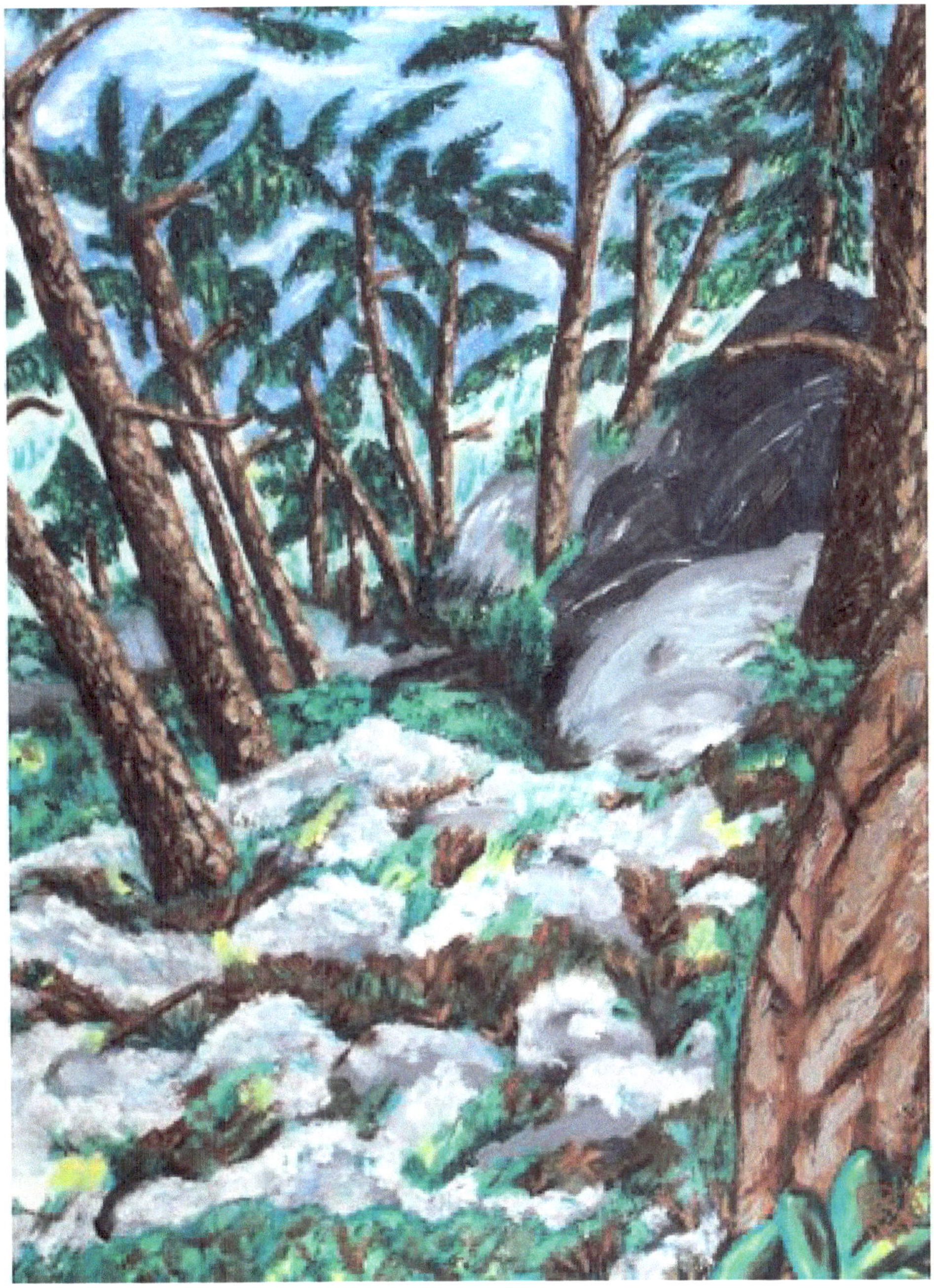

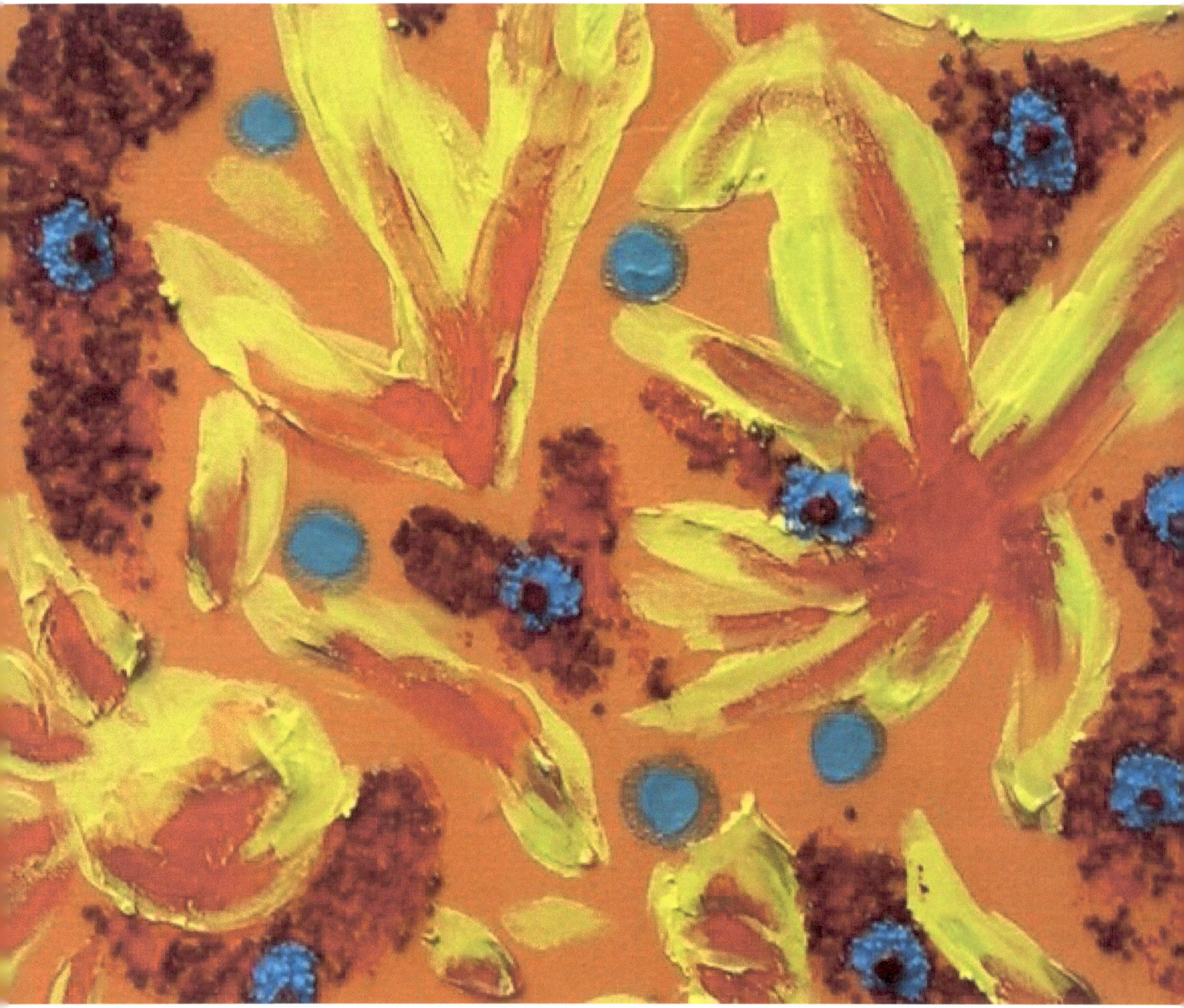

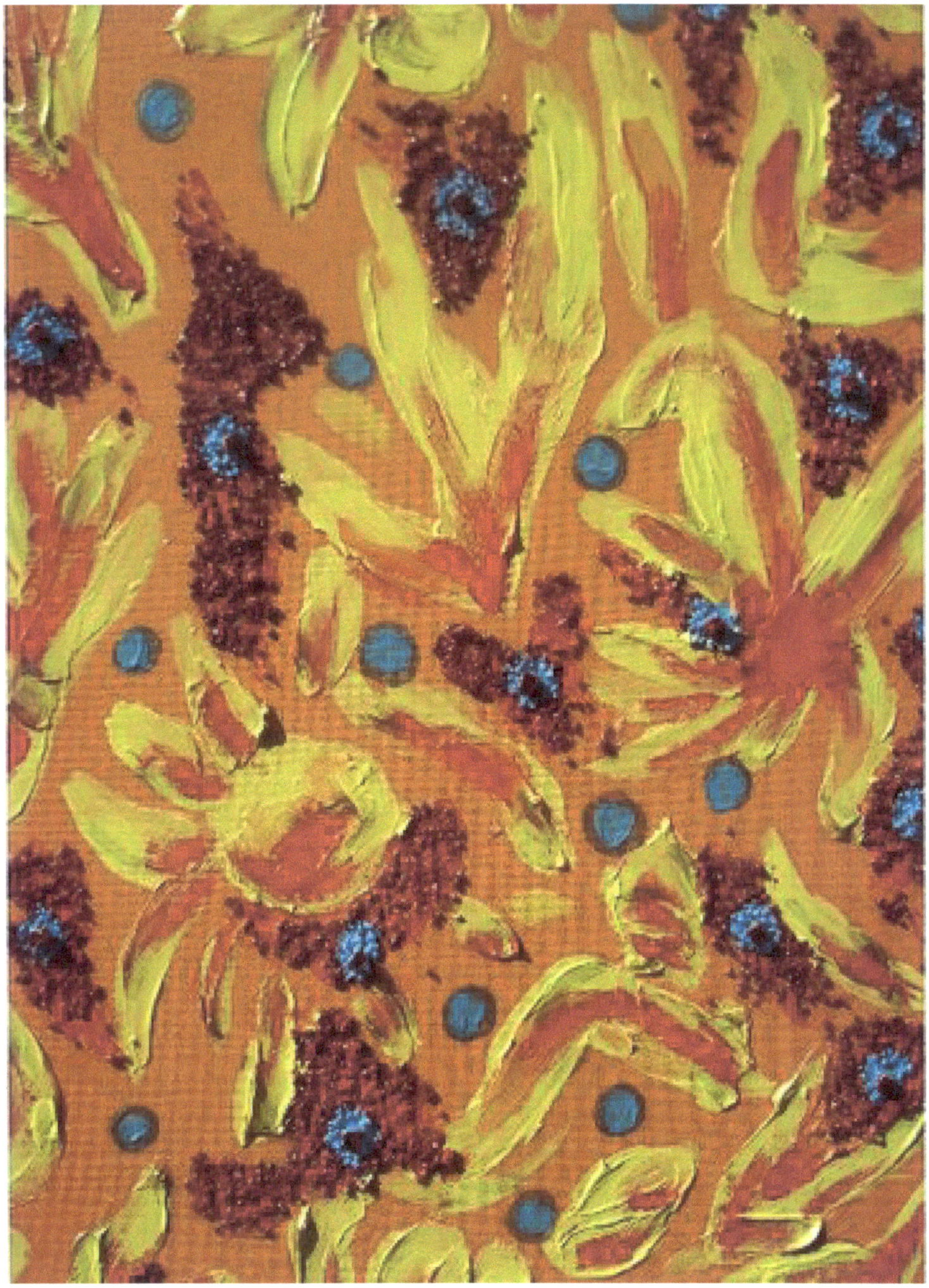

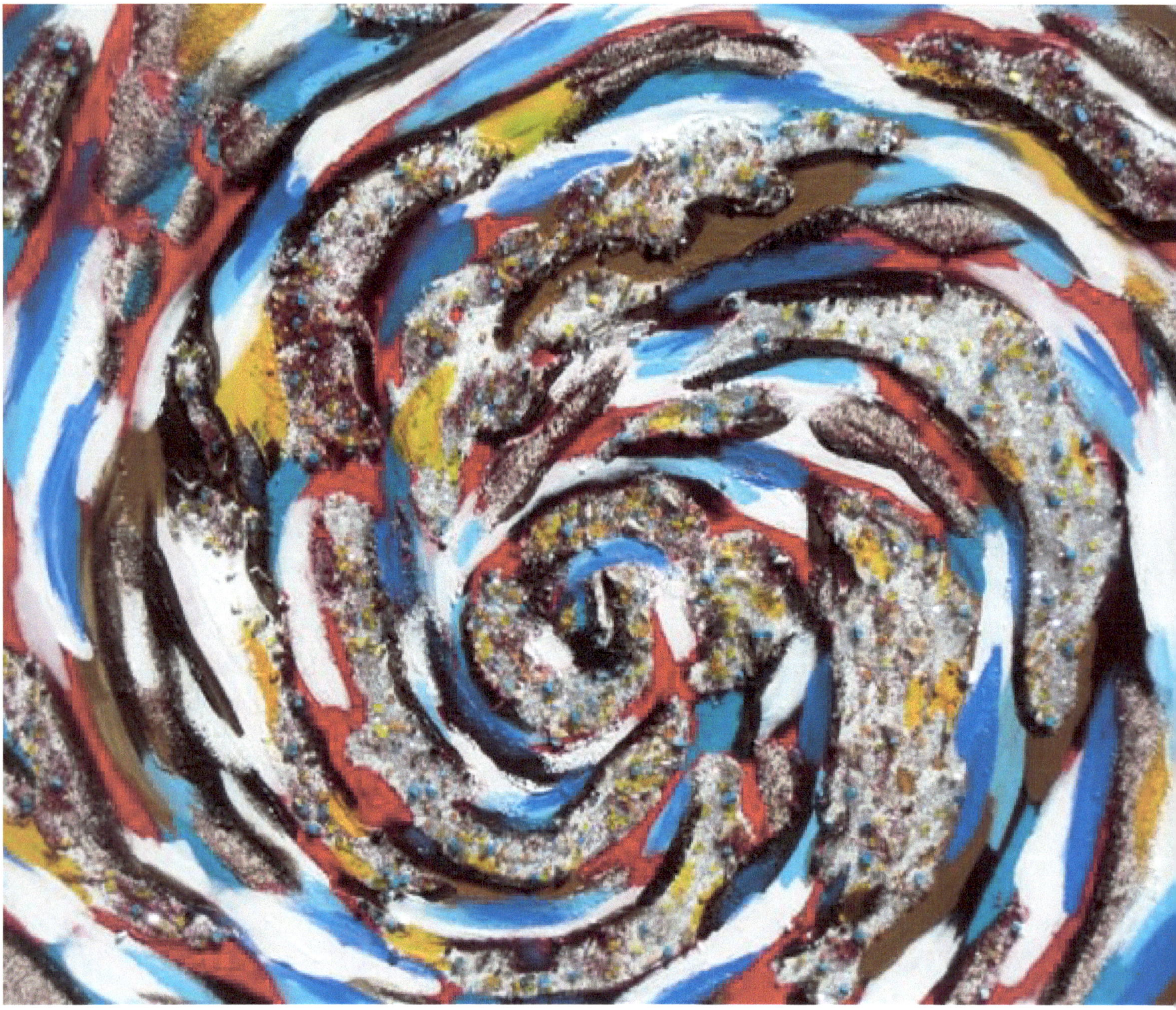

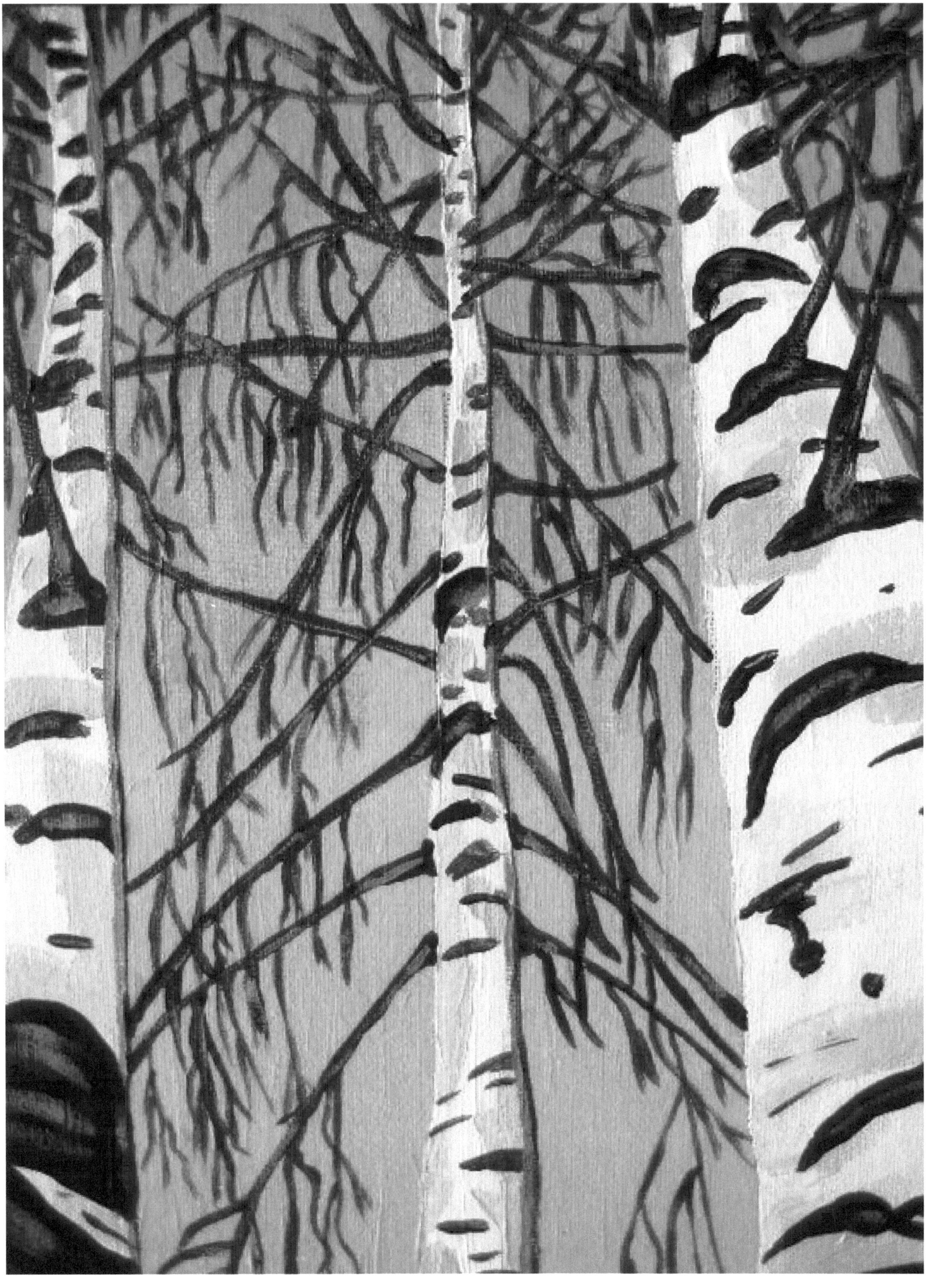

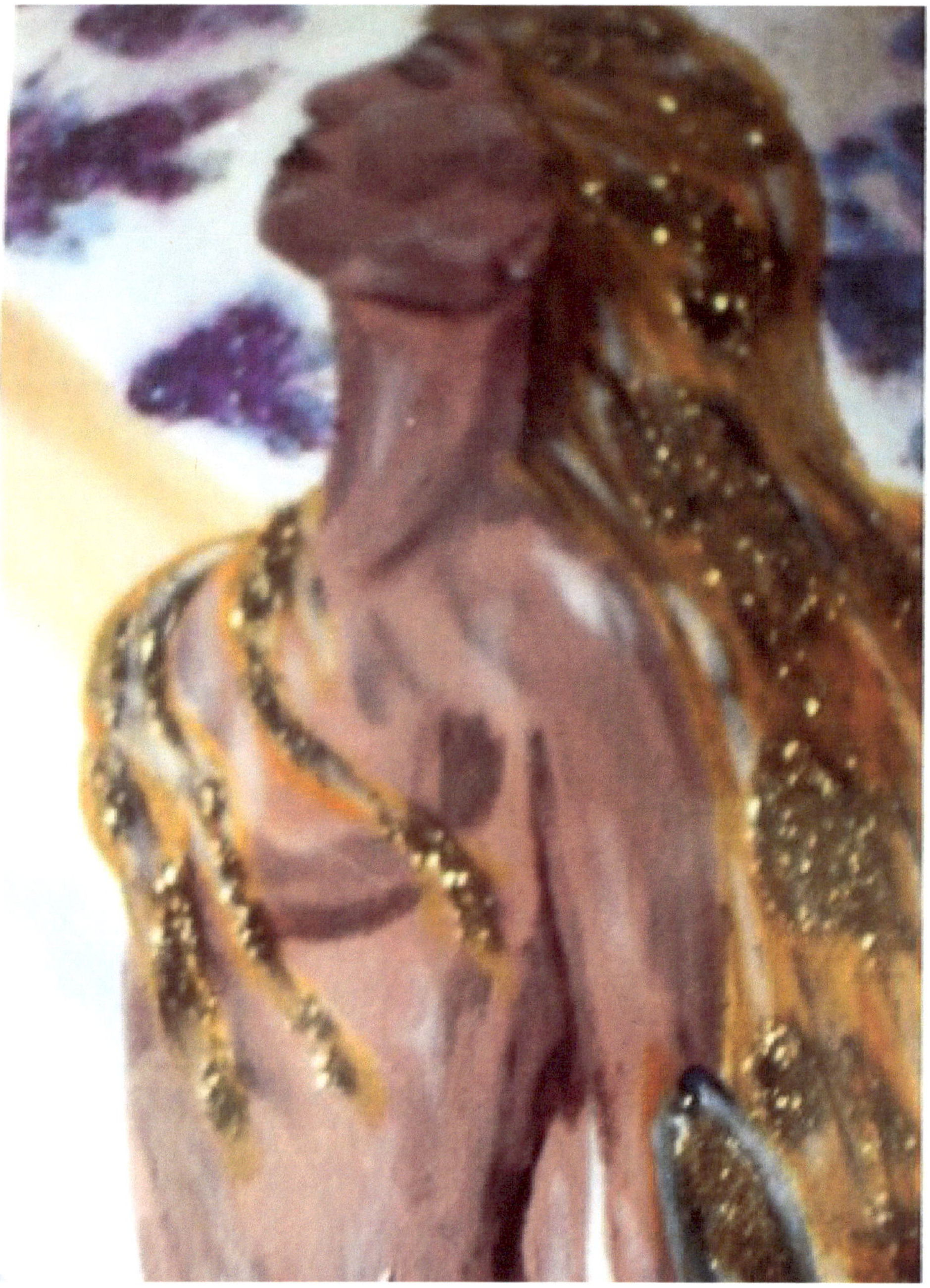

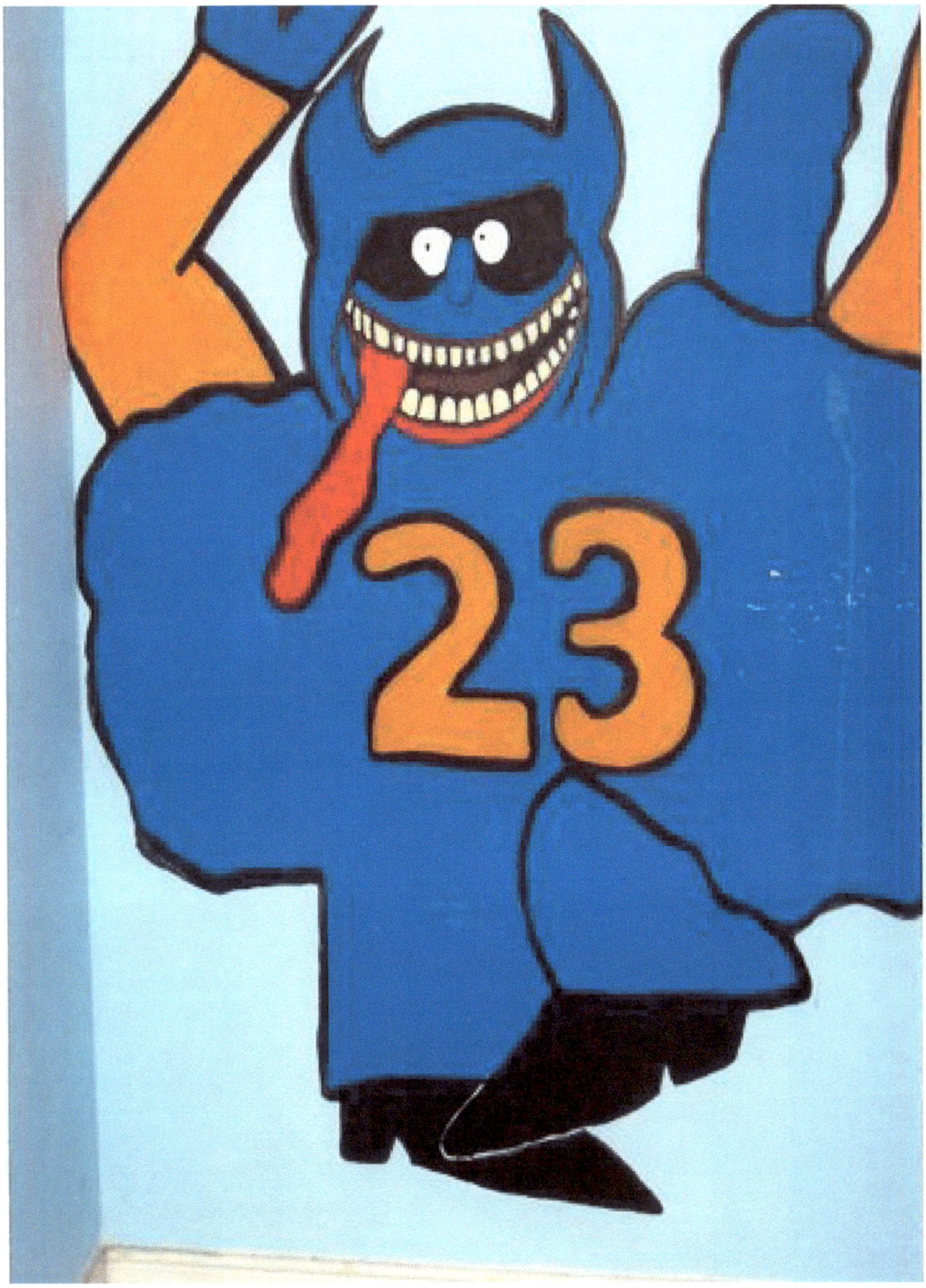
23

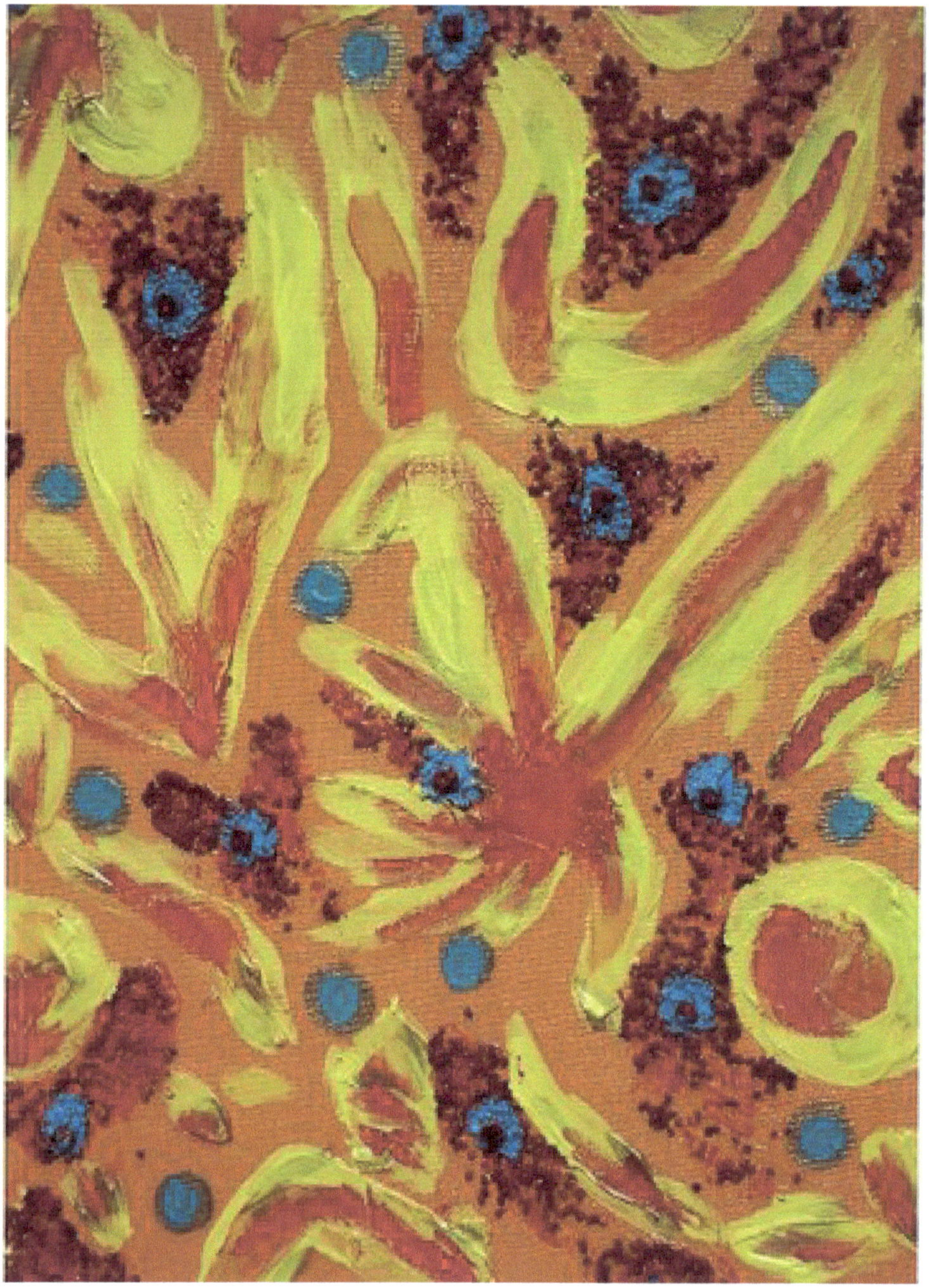

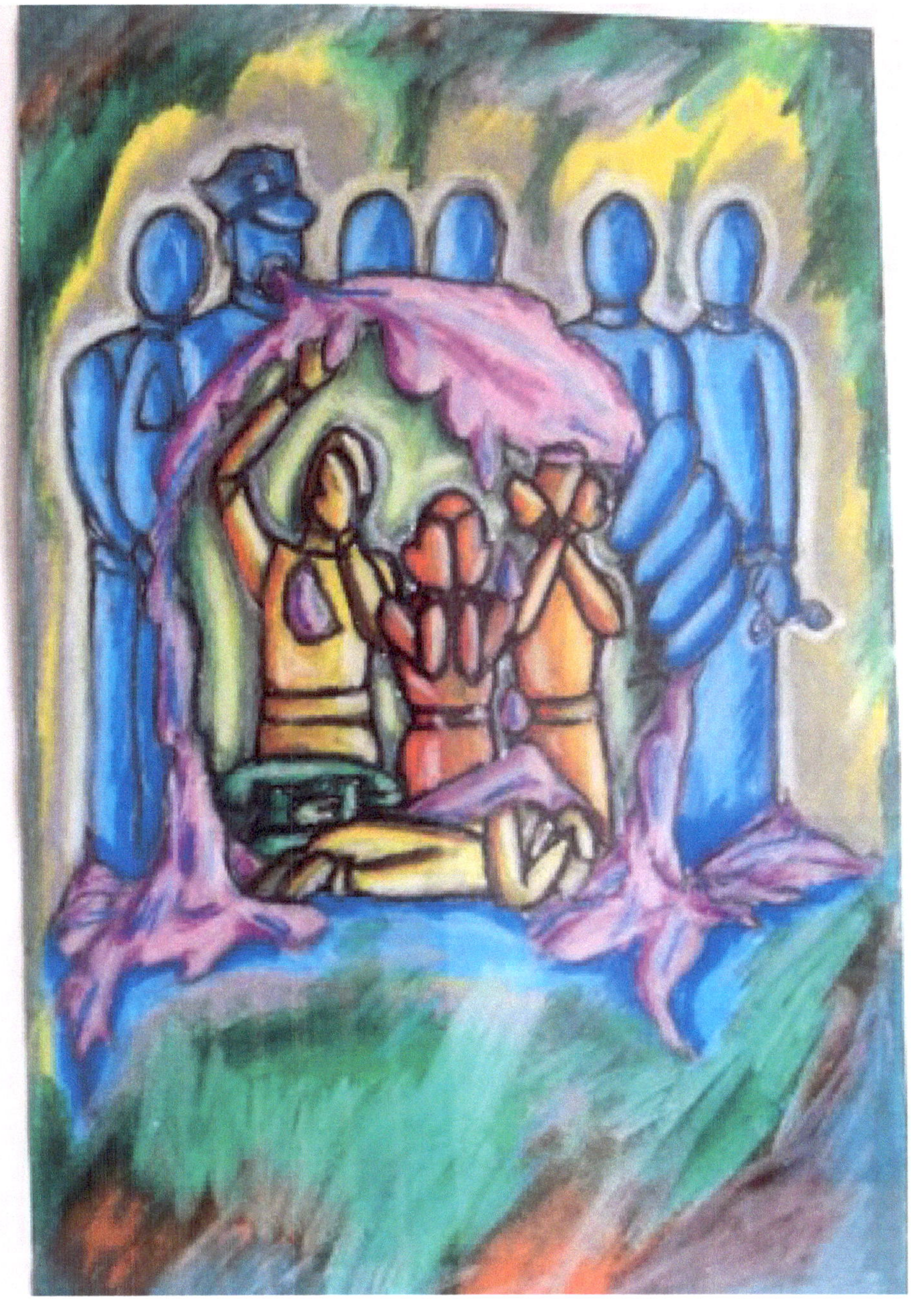

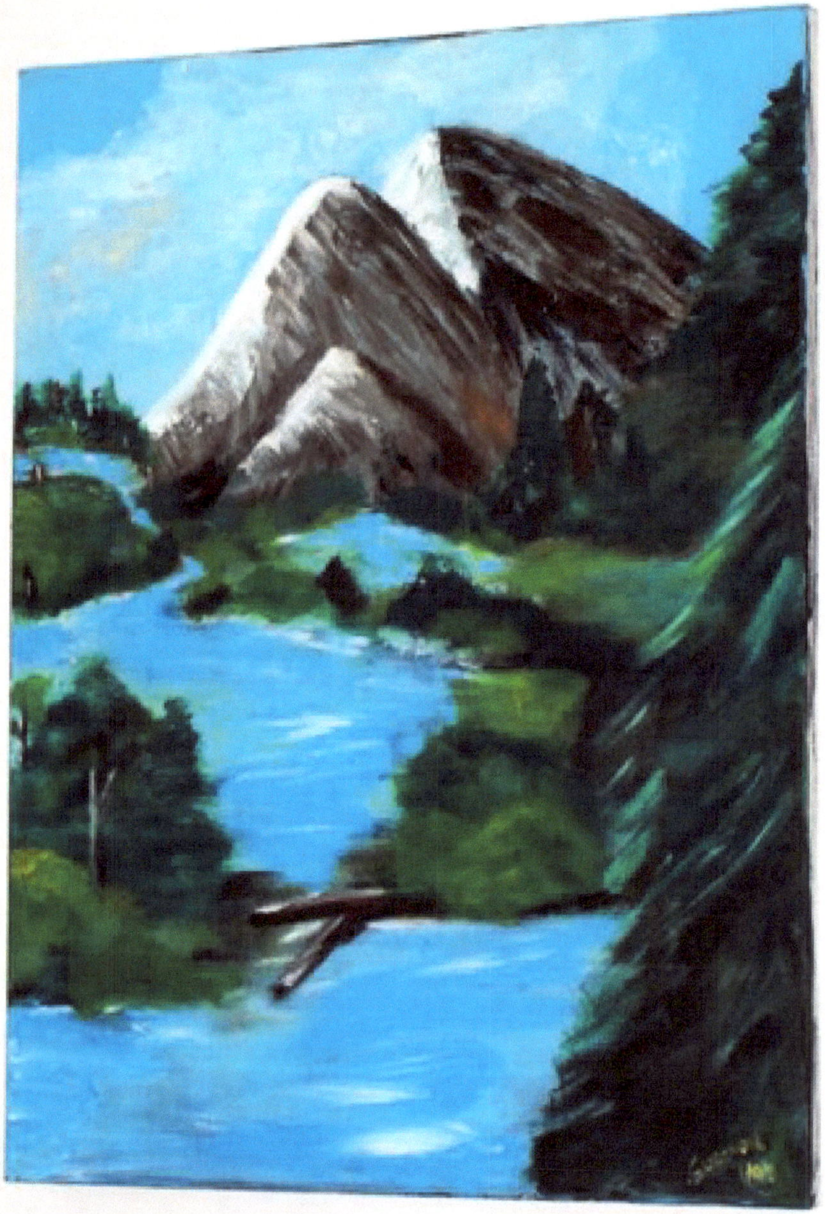

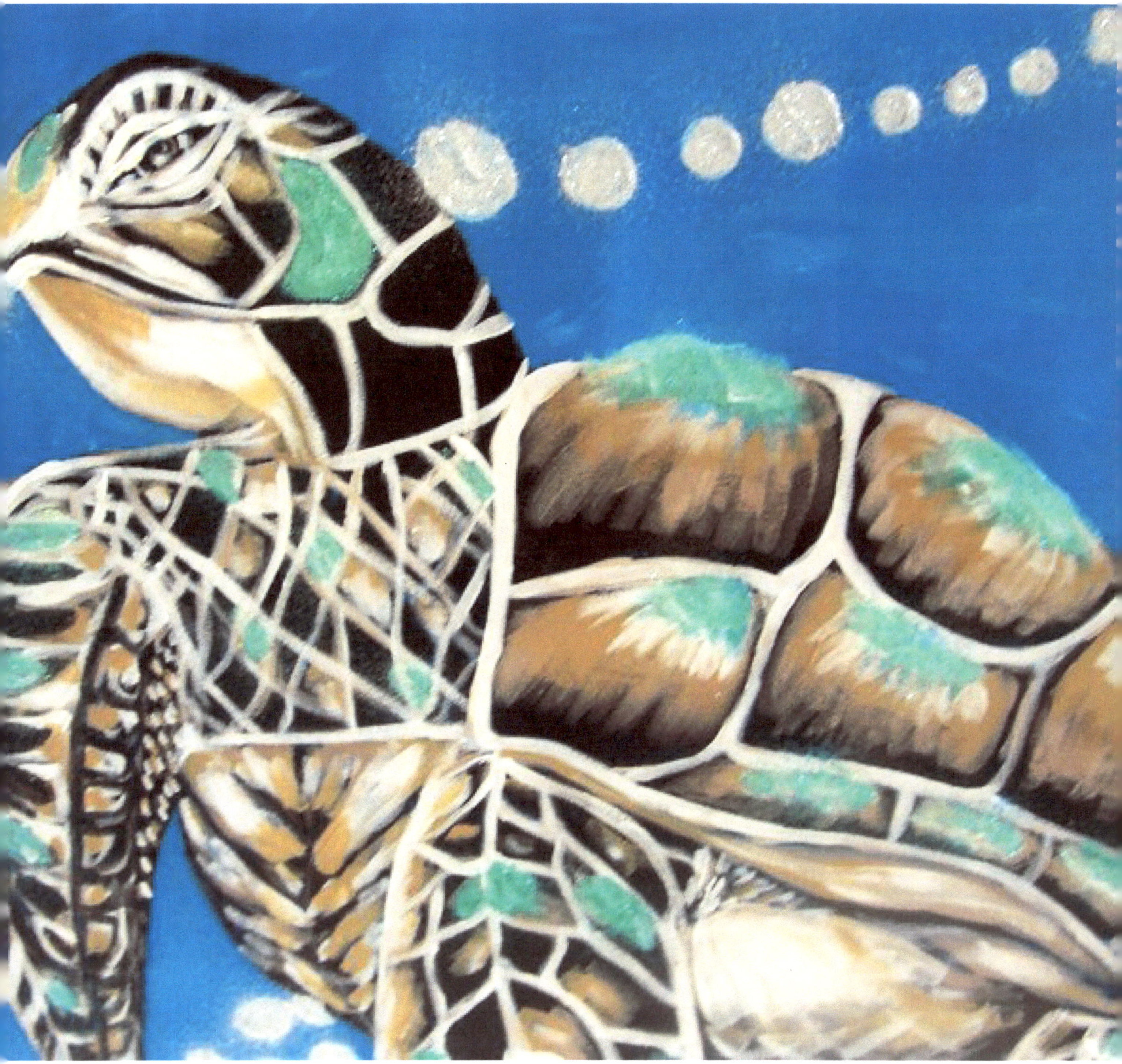

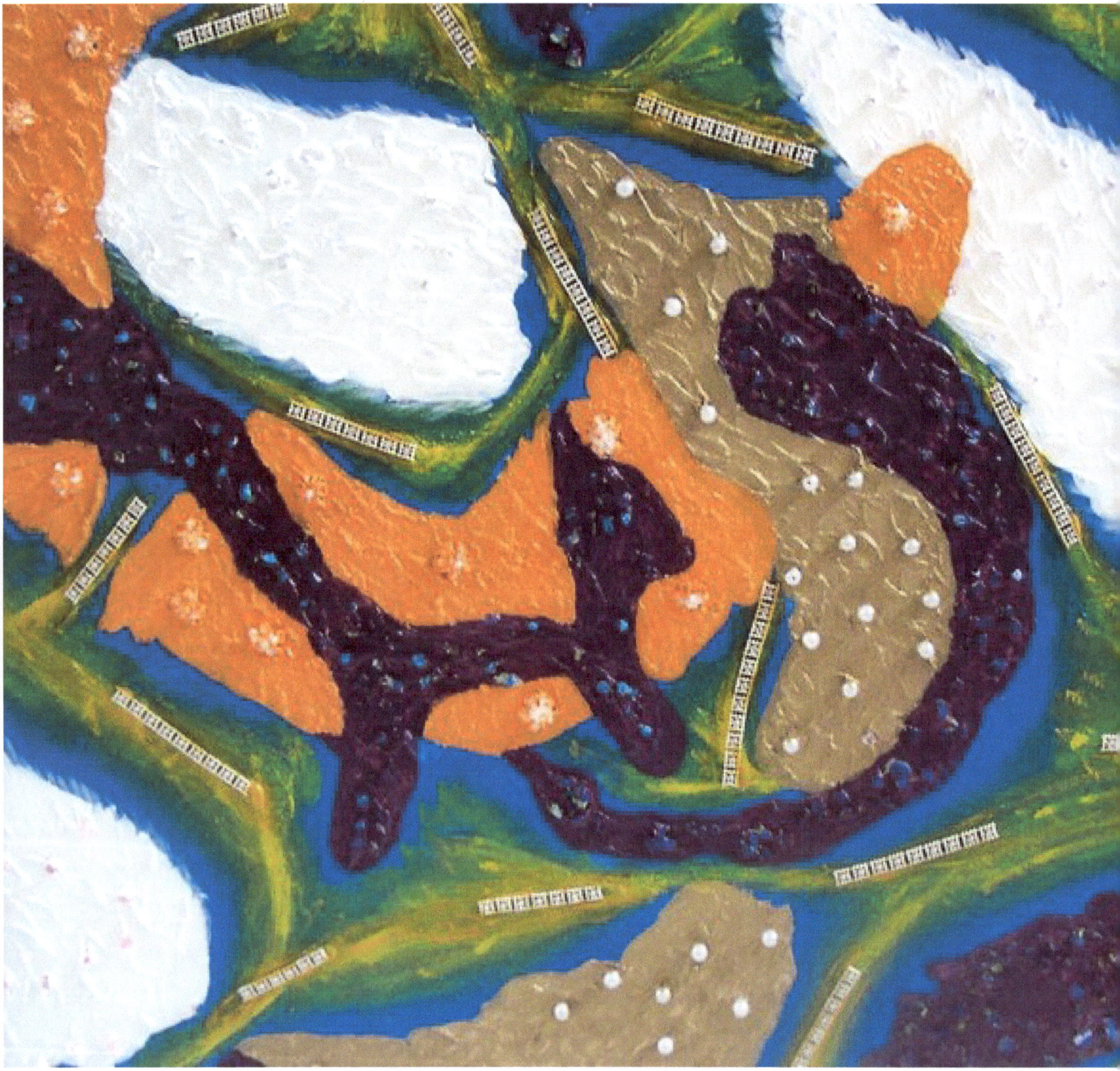

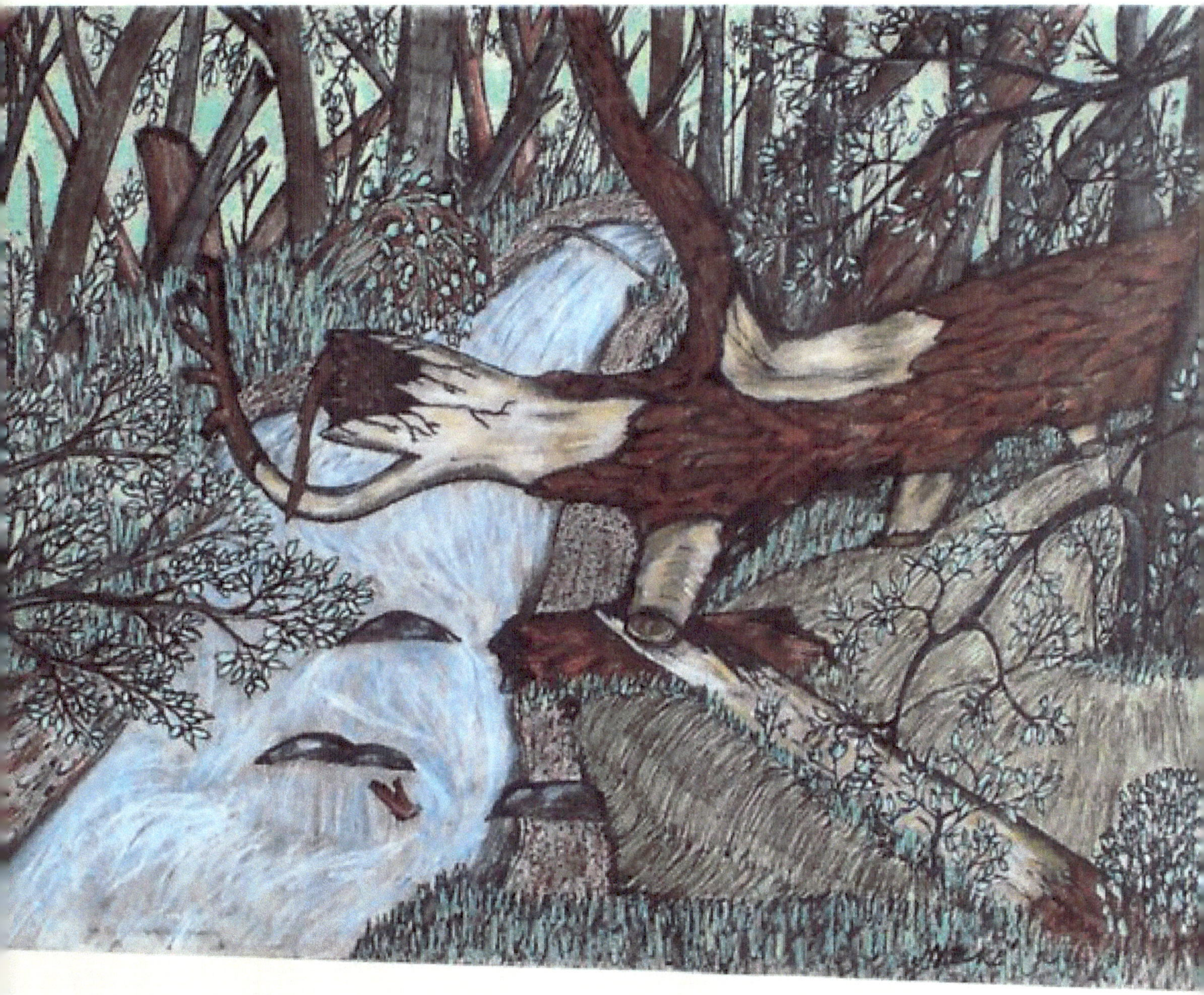

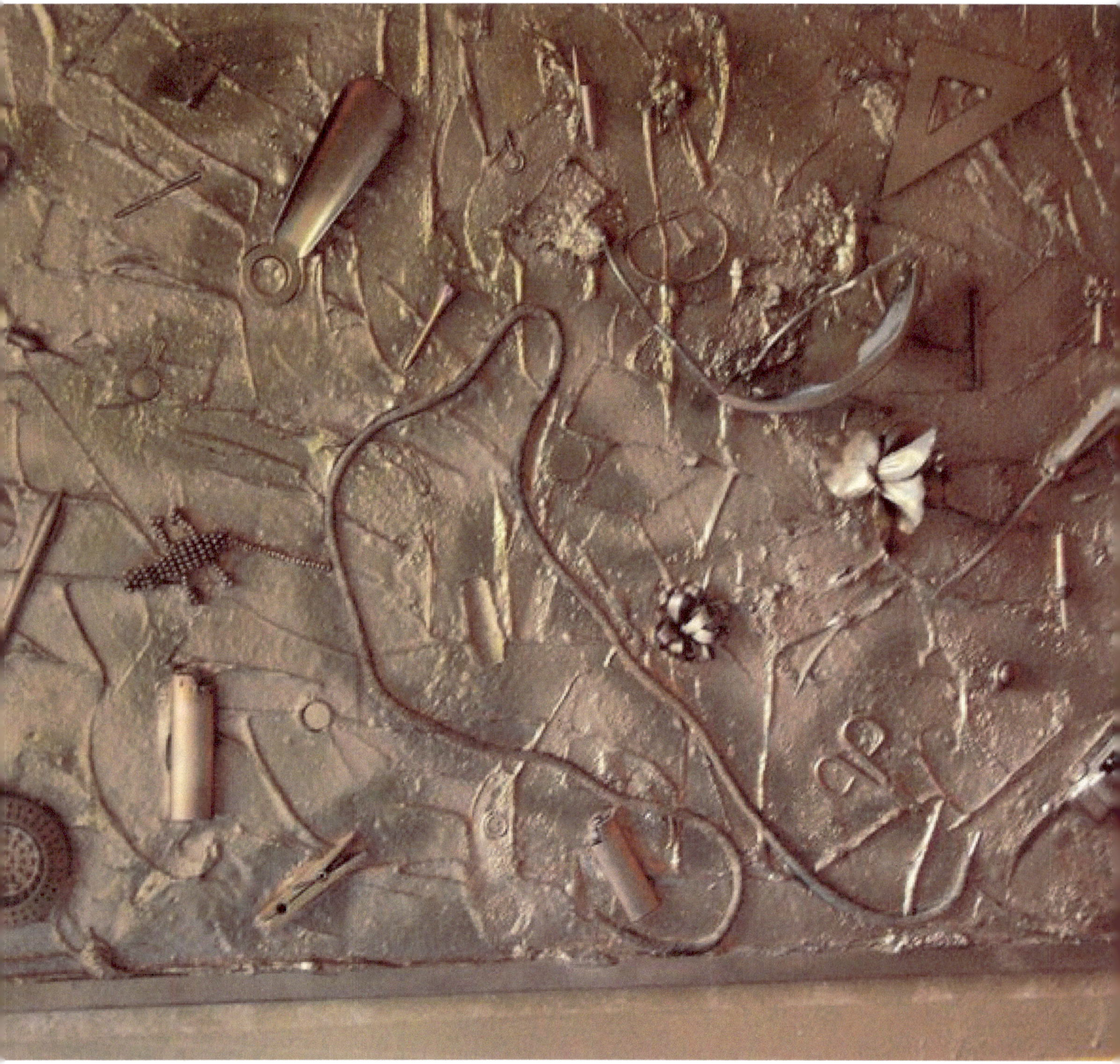

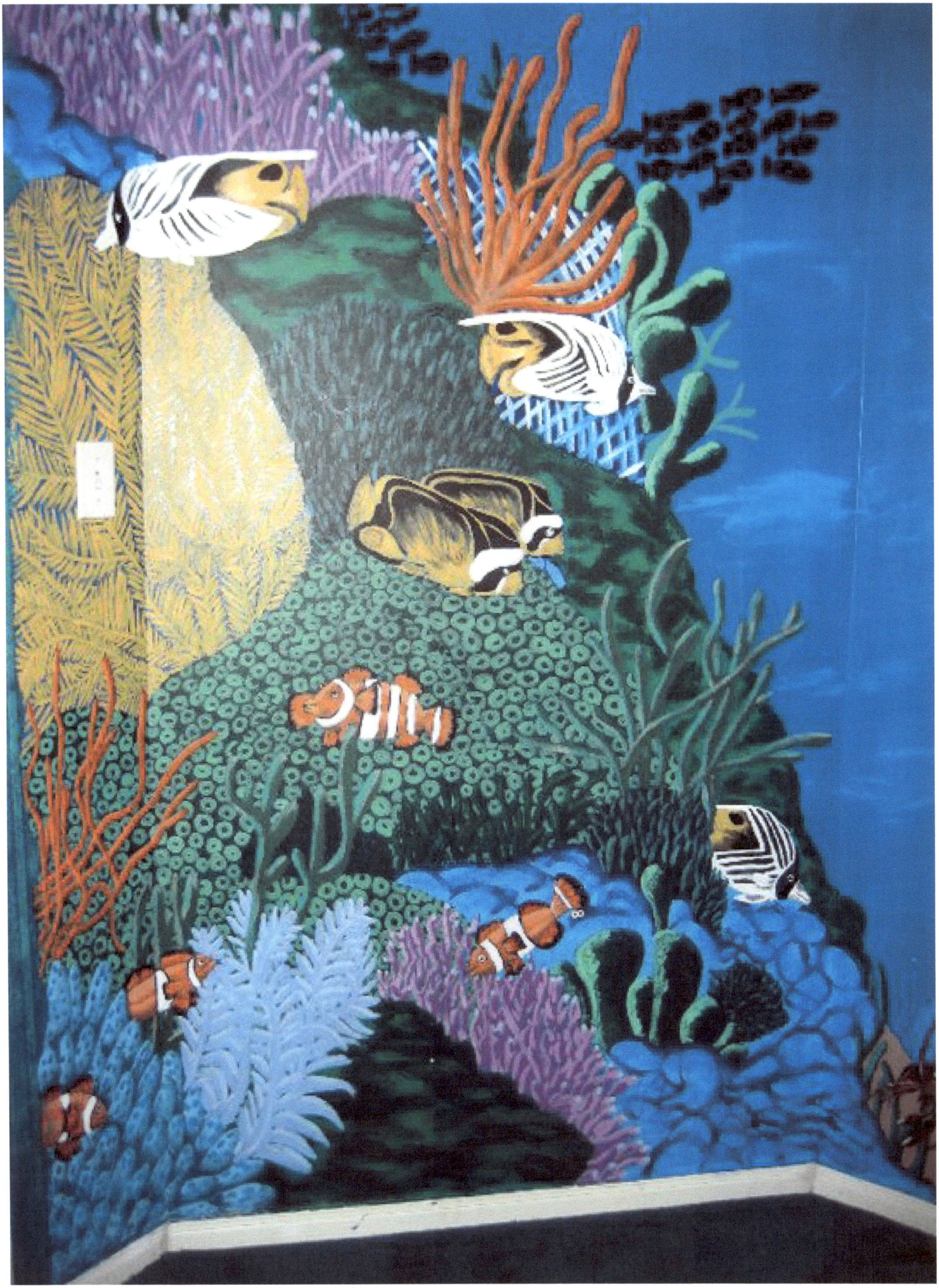

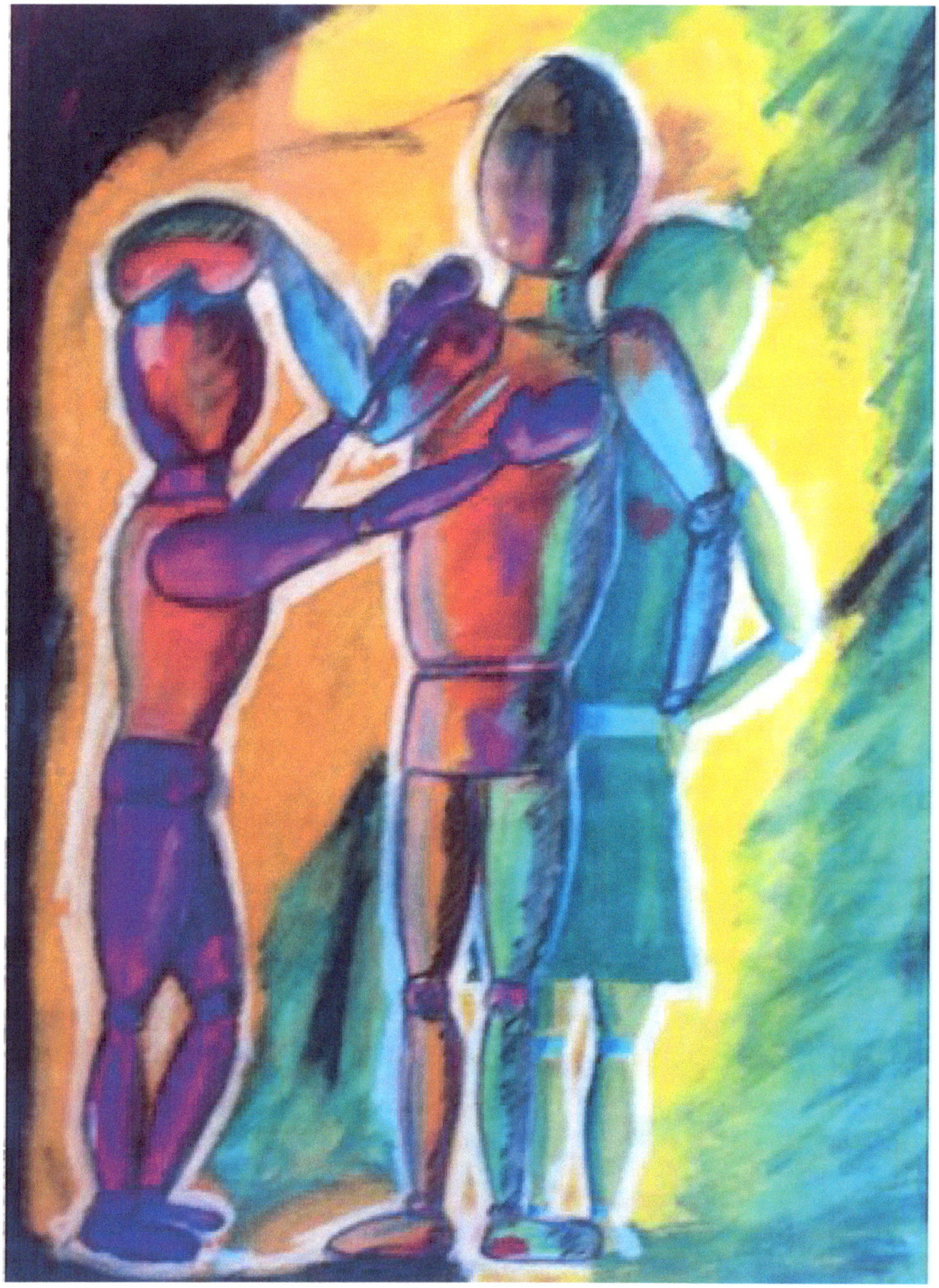

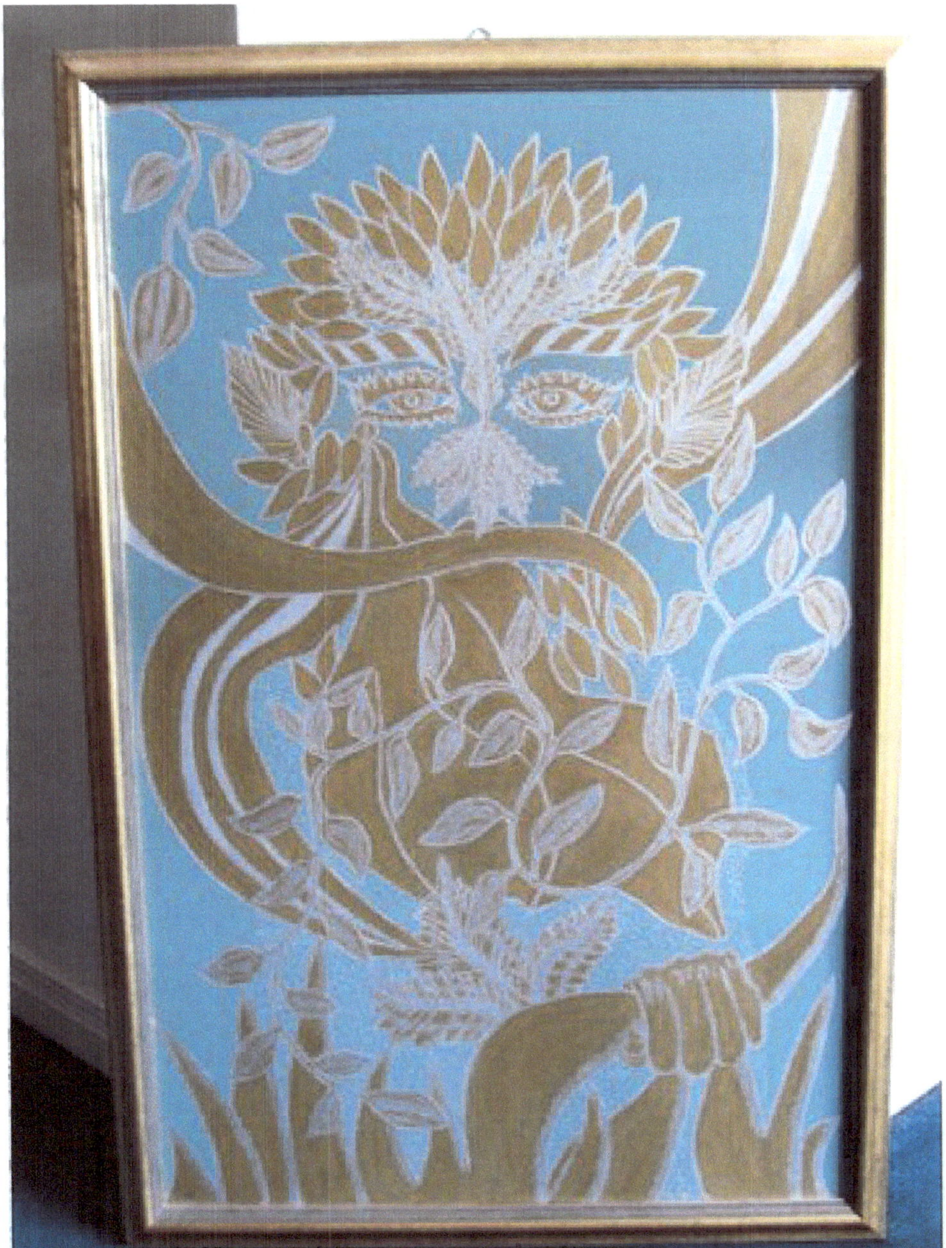

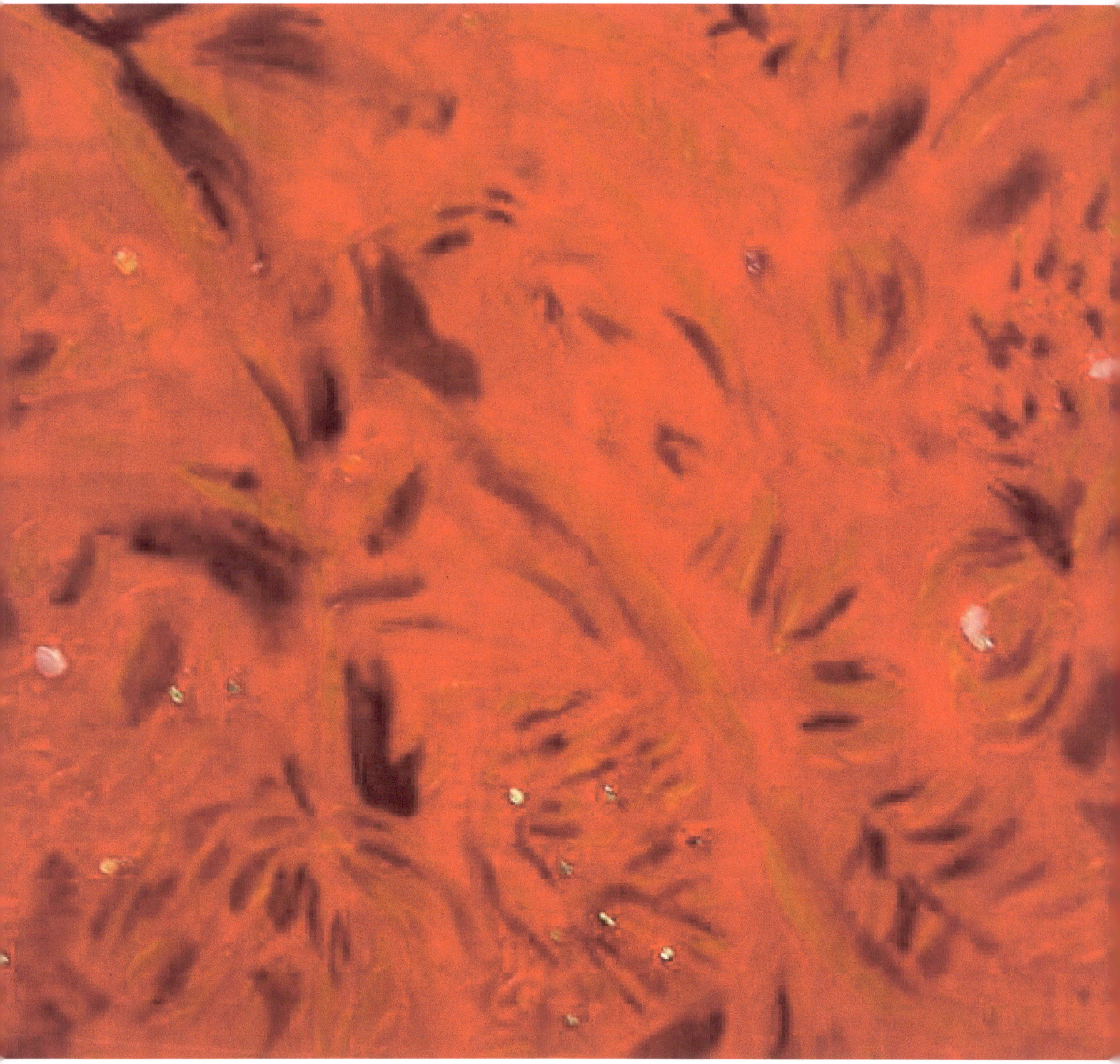

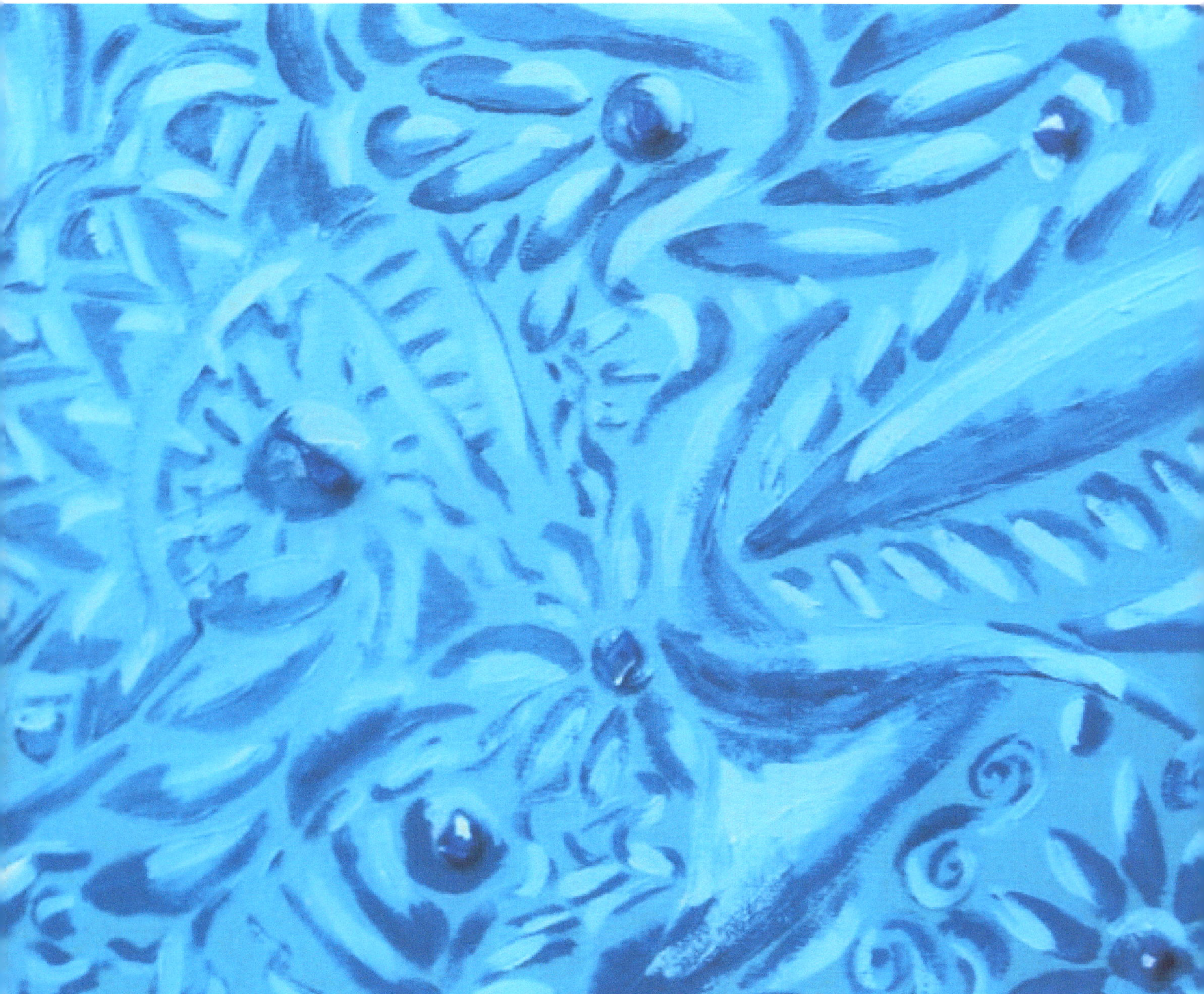

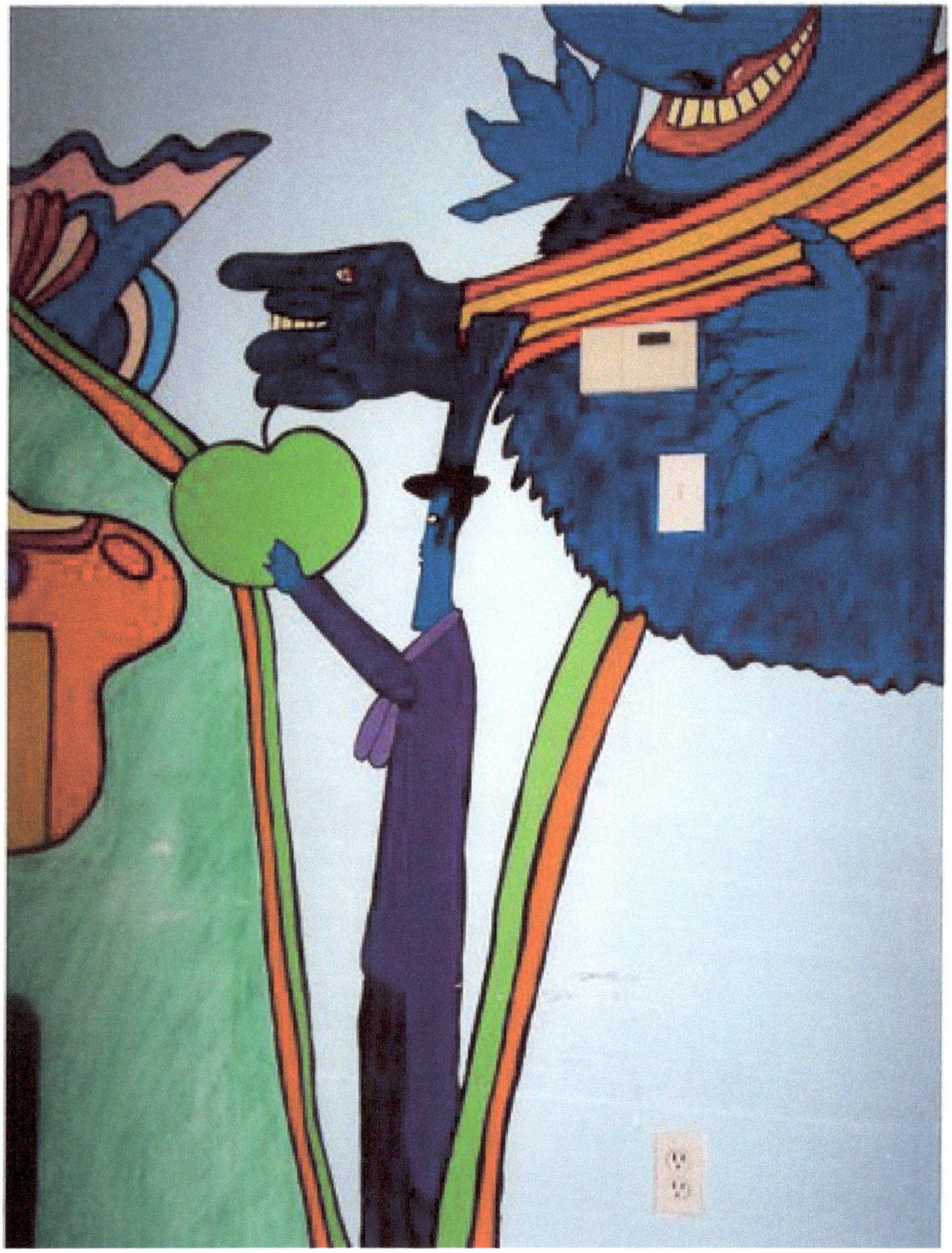

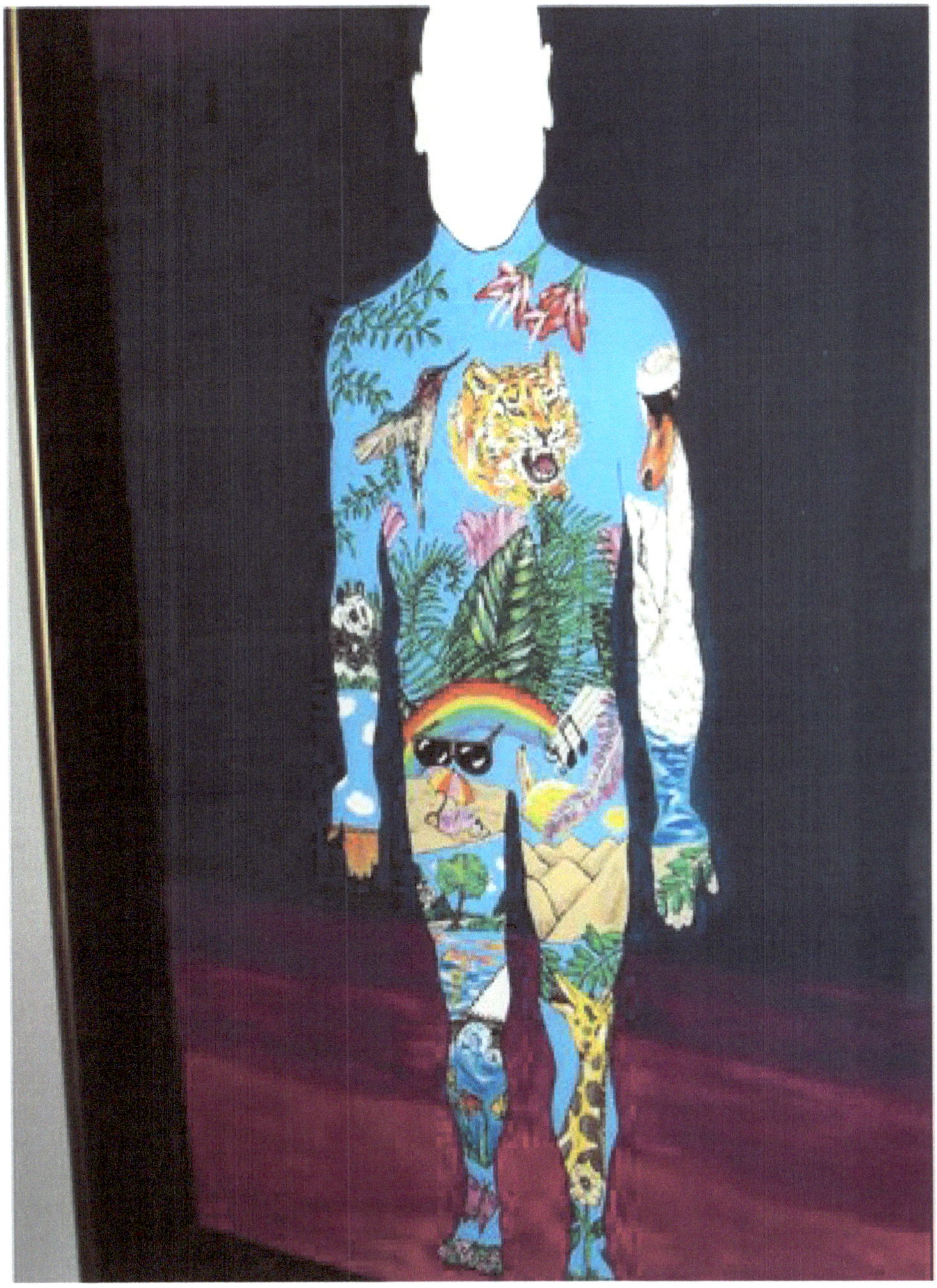

www.ingramcontent.com/pod-product-compliance
Lightning Source LLC
Chambersburg PA
CBHW051057180526
45172CB00002B/670
* 9 7 8 1 3 0 0 5 3 0 2 6 8 *